KB266827
KB266827

THE
ATTITUDE
OF
SPACE

공간의 태도

THE ATTITUDE OF SPACE

공간 디자이너 황유정의
감각과 사유

아트북스

For my mother

&

in loving memory of my grandmother,

who shaped the way I see the world

공간을 감각한다는 것은, 단순히 형태를 보는 일이 아니다. 그것은 공간에 흐르는 공기, 재료의 온도, 빛의 방향과 자태, 사람의 움직임이 만들어내는 리듬을 읽는 일이다.

좋은 공간은 말을 하지 않는다. 그런데도 그 안에 오래 머물고 나면 우리 마음이 어딘가 달라진 것을 느낄 수 있다. 그 변화는 공간이 내보이는 '태도'에서 비롯된다.

나는 오랫동안 세계 여러 도시를 오가며 각양각색의 태도를 지닌 공간들을 만나왔다. 파리의 살롱에서는 낭만이 감정이 되었고, 런던의 호텔에서는 절제가 품격이 되었으며, 뉴욕의 갤러리에서는 날것 그대로의 거침없음이 직설의 언어가 되었다. 그런 다양한 공간을 거친 뒤 서울로 돌아온 나는 이런 태도들의 대비 속에서 내가 설계해야 할 '나만의 균형'이 무엇인지를 스스로에게 끊임없이 질문하게 되었다.

공간 디자이너로서 나는 언제나 보이는 것 너머의 감정을 헤아리려 애써왔다. 그 색을 고를 때의 마음, 가구의 형태나 배치보다 그 선에 스며 있는 인간의 습관을 먼저 보는 것이다. 디자인이 결국 감정의 구조를 다루는 일이라고 할 때, 그 감정의 깊이가 깊을수록 공간은 더 단단해지기 마련이다.

내가 공간을 설계할 때 가장 중요하게 여기는 것은 기능이 아닌 태도다. 빛이 얼마나 들어오느냐보다 그 빛이 어떤 감정의 결을 만들어내는가를, 동선이 얼마나 효율적인가보다 그 동선으로 움직일 때 사람이 어떤 리듬으로 숨쉬는가를 느껴보는 것. 공간의 태도를 감각하는 일은 결국 '이 공간은 어떤 마음으로 이루어졌는가'를 묻는 일이다.

공간의 미학은 완벽함이 아닌 정직함에서 탄생한다고 믿는다. 너무 꾸미지 않고 너무 덜어내지도 않는 균형. 사람이 들어와 자신의 온도를 되찾도록 하는 여백. 그것이 내가 생각하는 공간의 미덕이다. 공간은 다른 무엇보다 사람이 있는 그대로의 자기 자신을 드러낼 수 있는 가장 솔직한 자리가 되어야 하기 때문이다.

이 책은 지난 수년간 뉴욕, 파리, 런던, 그리고 서울에서 내가 걸어온 여정을 담은 기록이자, 공간이 나에게 가르쳐준 감정의 언어들로 써내려간 삶의 고백이다. 디자인은 결국 무엇을 만드는가가 아닌 어떻게 바라보는가의 문제임을, 나는 내가 거쳐온 도시를 통해, 그리고 만나온 사람들을 통해 배웠다. 그래서 이 책은 공간의 태도에 관한 이야기이면서, 동시에 공간이 가르쳐준 삶의 태도에 관한 이야기이기도 하다.

이 글을 읽는 당신의 일상 안에서 당신과 함께 조용히 숨쉬고 있는 공간의 태도를 한 번쯤 느껴보길 바란다. 무심히 지나치던 거리의 그림자, 손때 묻은 벽의 질감, 한낮의 빛이 바닥에 그리는 선 하나에도 도시의 태도가, 사람의 마음이 숨어 있다. 공간을 감각한다는 것은 이처럼 세상을 더 깊이 사랑하고 온 마음으로 느끼는 법을 배우는 일이라 생각한다. 그 배움의 여정에 이 책이 함께할 수 있다면 더없이 감사한 일일 것이다.

PART 1

태도를 만나다

AN
ENCOUNTER WITH
ATTITUDE

우아함은 설계되는 것이 아니다

말하지 않음으로써 말하는 공간

파리의 오래된 아파트에 들어서면, 그 공간은 결코 '설계되었다'고 말하지 않는다. 오히려 '살아왔다'고 말한다. 그 삶은 천장의 높이나 가구의 값어치로 증명되는 종류의 것이 아니다. 그 삶이 어떤 것이었는지는 공간 전체를 따라 흐르는 조형의 리듬, 그리고 그 안에 스며 있는 시간과 감정의 밀도로 체감될 뿐이다.

가장 먼저 눈길이 가는 건 시선이 흐르는 구조인 천장과 벽 사이를 부드럽게 감싸는 몰딩이다. 직선이 아닌 곡선으로 꺾이는 이 몰딩corniche은 단순한 장식이 아니다. 공간이 말을 한다고 할 때 몰딩은 '문장부호'와도 같은 역할을 한다. 천장 몰딩 곡선의 끝자락에 머물던 햇살은, 다시 대각선으로 흐르는 헤링본 마루로 번진다. 그렇게 공간은 우리에게 말을 건넨다. 바닥은 공간 안에서 살아가는 이의 감정선이 깔리고 기억이 축적되는 배경이다. 그 위에 놓인 가구는 하나하나 공간의 일부처럼 배치되어 있으면서도, 서로를 침범하지 않는다. 그 사이사이에 존재하는 여백은 동선 확보를 위한 것이라기보다 정서가 숨쉴 수 있는 틈이 된다.

파리의 공간을 특별하게 만드는 두번째 요소는 공간이 빛을 대하는 태도다. 높은 천장만큼 인상적인 것은 벽을 거의 채우다시피 기다랗게 난 프렌치 윈도French window다. 두 겹의 창틀과 셔터가 빛을 통과시키는 방식은 단순하지 않다. 시간대에 따라, 날씨에 따라, 빛은 분절되거나 흐르거나 퍼진다. 시시각각 다르게 들어오는 빛은 공간에 직접적으로 드러나지 않는 '정서의 시간표'를 만든다. 그림자는 모서리를 따라 눕고, 가구의 하부를 감싸며 공간을 입체적으로 각인시킨다. 조명은 거의 존재감이 없다. 간접 조명이 있다 해도, 그것은 기능을 위한 도구라기보다 빛을 연출하기 위한 장치다—마치 연극무대의 조명처럼. 내부의 인위적인 조명보다 밖에서 들어오는 작디작은 빛에 더 세심하게 의지하는 듯한 태도. 파리의 공간은 그렇게 빛에 고마움을 표한다.

파리 공간에서 또하나 중요한 것은 재료의 선택과 그 재료가 보여주는 정서의 결이다. 시선을 압도하는 리넨 커튼은 공간을 흐트러뜨리기도 하고 포용하기도 한다. 오래된 황동 손잡이에는 세월을 보여주는 산화의 무늬가 남아 있다. 이렇게 구석구석을 들여다보노라면 마치 하나하나의 재료가 어떤 정서를 흡수하고 있는 듯이 보인다. 가구는 조형적이지만 결코 조형미를 자랑하지 않는다. 배경이 되는 천연 대리석도 과하게 반짝이는 법이 없다. 오히려 오랜 시간 마모되어 광택을 덜어냈을 때에야 드러나는 고결함이 손끝으로 전해진다. 석고로 마감된 벽은 매끄럽기보다는 조금 거칠고, 색도 균질하지 않다. 그러나 이런 질감과 색감조차 작위적인 불완전함이라기보다 시간과 손길이 만들어낸 자연스러운 삶의 흔적처럼 느껴진다.

절제된 물성과 감각의 합주 — 조제프 디랑의 아파트

이 모든 특색을 너무나도 잘 보여주는 공간이 있다. 바로 내가 존경하는 동시대 공간 디자이너 중 한 명인 조제프 디랑Joseph Dirand의 아파트다. 디랑의 파리 16구 아파트는 공간이 말하지 않음으로써 그 존재를 증명하는 우아함의 정수를 보여준다. 이곳은 파리 특유의 자연스럽고 불완전한 멋, 고전과 현대가 태연하게 공존할 때의 조화, 설계된 우아함이 아닌 무심함이 빚어낸 품격이 엿보이는 공간이다.

이 공간의 중심에는 생로랑 대리석Saint Laurent marble으로 제작된 낮은 테이블이 자리한다. 검은 대리석 위로 금빛 베인이 얇게 흐르며 무언의 중력을 더한다. 그 옆에는 피에르 프레Pierre Frey의 리넨 패브릭을 씌운 커스텀 소파가 놓여 있다. 소파 표면은 빛의 변화에 미묘하게 응답한다. 바닥은 프렌치 오크로 된 셰브론Chevron 패턴 파르케. 손으로 마감된 이 나무 바닥은 걸음걸음 감정을 흡수한다. 색을 칠하지 않고 석고로 마감한 벽은 공간의 숨결을 드러낸다. 곳곳에선 장 프루베Jean Prouvé의 스탠다드 체어, 세르주 무유Serge Mouille의 월램프, 그리고 조용히 배치된 팔렌틴 뢸만Valentin Loellmann의 유기적 브론즈 조각이 공간의 긴장감을 부드럽게 감싼다. 조명은 시선을 끄는 대신, 광원을 숨기고 그림자를 드러낸다 — 아틀리에 아레티Atelier Areti의 라이트처럼, 빛은 천장을 타고 흐를 뿐이다.

이 아파트에서 가장 인상적인 것은 보여주지 않음으로써 만들어지는 정서의 밀도다. 모든 재료는 조용히, 그러나 깊이 있게 공간에 침투한다. 디랑은 가구를 배치하지 않고, 존재하게 한다. 그렇게 존재하되 서로를 침범하지 않으며, 가구들은 고요히 하나의 세계를 이룬다.

어떤 공간은 말하지 않음으로써 자기를 표현한다. 그곳을 채운 것은 침묵, 그리고 고유한 정서다. 의도적으로 덜어내기. 이는 단순한 미니멀리즘과 다르다. 미니멀리즘이 형태와 요소를 줄이는 것이라면, 이 덜어냄은 감정의 여운을 남기는 연출이라고 할 수 있다. 조명은 과하지 않고, 아트워크는 벽 한편에 무심하게 기대어 있으며, 향은 은은하게 감돌고, 가구는 말없이 앉아 있을 뿐이다. 공간은 주도하지 않으며, 오히려 배경으로 물러난다. 자연히 사용자의 정서와 움직임이 중심이 된다. 하지만 그 움직임조차 공간의 조형과 공명한다. 말로 하지 않아도 공간을 채운 정서를 느낄 수 있는 풍경은 그렇게 탄생한다.

남겨진 여백과 질감의 대비 — 장미셸 프랑크

파리 공간의 우아함을 더 깊이 이해하려 할 때면, 장미셸 프랑크Jean-Michel Frank의 작업을 떠올리지 않을 수 없다. 아르데코가 전성기를 구가하던 1920~1930년대, 모두가 기하학적 패턴과 금박, 래커로 경쟁하듯 화려함을 뽐낼 때 그는 가장 조용한 방식으로 혁신을 만들어냈다. 프랑크의 공간에는 과시적 장식이 없었다. 그곳을 채운 태도는 극도의 단순이었다. 상아, 상어 가죽, 양가죽 같은 럭셔리한 소재를 사용하면서도, 형태와 배치는 놀라울 만큼 간결했다. 곡선과 기교가 넘치던 아르데코라는 화려한 시대 풍조 속에서, 프랑크는 정반대로 절제를 통해 무심한 사치를 창조해냈다.

그의 디자인은 무엇을 더하느냐가 아니라, 무엇을 남기느냐로 결정됐다. 그렇게 남겨진 여백과 질감의 대비가 오히려 그 어떤 장식보다 더 강한 존재감을 만들어낸 것이다. 디랑이 고전적 공간 위에 현대적 미니멀리즘을 덧입혀 우아한 절제미를 보여주었다면, 프랑크는 반대로 조용하고 무심한 사치를 창조함으로써 우아한 미니멀리즘의 기원을 만들었다고 할 수 있다.

그의 공간을 보노라면, 우아함은 결코 설계되는 것이 아니라는 사실을 깨닫게 된다. 그것은 기능을 위한 구조가 아니라, 시간과 감정을 품기 위한 질서다. 고전적 부르주아 건축 위에 현대의 실존적 미니멀리즘을 더해, 그는 파리 공간이 지닌 본질—절제된 물성과 감각의 합주, 말하지 않음으로써 더 많은 이야기를 담아내는 태도—을 누구보다 적확하게 보여주었다.

파리 공간은 '기능적'이기보다 '존재적'이다. 왜 소파는 등받이가 깊고, 의자는 반듯하지 않으며, 테이블은 비대칭적일 때가 많을까? 이런 형태와 배치는 인간의 움직임보다 감정의 파동을 고려한 것이다. 이를테면 의자 하나도 그저 앉기 위해 거기 놓인 게 아니라 '그렇게 그 자리'에 있음을 느끼기 위해 세심히 배치되어 있다. 바로 그 존재감을 통해 우리는 공간을 특별하다고 느낀다.

이런 공간의 우아함은 복제가 불가능하다. 같은 몰딩, 같은 자재, 같은 레이아웃을 써도 그 분위기와 정서, 공기의 밀도까지 따라할 수는 없다. 그것은 시간의 지층 위에 지어진 '정서적 건축'이기 때문이다. 단지 디자인된 것이 아니라, 삶의 방식과 흔적이 축적된 장소로서의 공간. 그것은 시선을 끌지 않은 채 오랫동안 존재해온 정서의 잔향이다.

대학 시절 파리로 교환학생을 가게 되었다. 나는 몽마르트르의 어느 고풍스러운 주택에 둥지를 틀었다. 마르셀 에메의 「벽으로 드나드는 남자」 속 주인공의 조각이 자리한 거리에 있던 그 집을 선택한 이유는 단순했다. 1930년대 파리 살롱 문화를 이끌던 클럽 '르 R-26Le R-26'의 본거지였기 때문이다. 르 코르뷔지에 Le Corbusier가 드나들었고, 장 콕토의 벽화와 값진 가구들이 남아 있는 공간. 인테리어를 공부하러 온 나에게는 그 자체로 살아 있는 교과서 같았다. 비록 내가 머물 방은 5층 맨션의 소박한 옥탑이었지만, 창밖으로 펼쳐지는 파리의 전경만으로도 충분했다. 운명처럼 느껴졌고, 나는 망설임 없이 그곳을 선택했다.

그 집은 단순한 주거 공간이 아니라, 한 시대의 감각이 겹겹이 쌓여 있는 살아 있는 기록물 같았다. 삐걱거리는 목재 계단을 오르내릴 때마다 누군가의 발걸음이 겹쳐 들리는 듯했고, 복도 끝에서 마주치는 빛의 각도마저 오래전 이곳을 드나들었을 예술가들의 시선과 닮아 있는 듯했다. 벽에 스며든 색의 농도, 손때 묻은 황동 손잡이, 무심히 놓인 오래된 의자까지…… 모두 하나의 장면처럼 느껴졌다.

옥탑방은 작았지만, 오히려 그래서 더 집중할 수 있는 공간이었다. 천장이 기울어진 방 한 구석에 작은 책상을 놓고 앉으면, 창밖으로 펼쳐진 파리의 지붕선들이 한 폭의 스케치처럼 눈에 들어왔다. 아침이면 희미한 안개가 도시 위를 감싸고, 해 질 무렵이면 석양이 건물의 몰딩과 창틀을 부드럽게 감쌌다. 그 빛의 변화만으로도 하루의 리듬이 만들어졌다.

나는 매일 그 공간을 관찰하듯 살아보기로 했다. 가구의 배치와 비례, 빛이 벽에 머무는 시간, 창을 통과하며 분절되는 그림자의 형태를 기록하며, 공간이 어떻게 사람의 감정에 스며드는지를 몸으로 배우고 싶었다. 그 집은 내게 단순한 파리 생활의 출발점이 아니라, '공간이 사람을 어떻게 대하는가'에 대해 알려주는 첫 수업이 되었다.

시간이 흐른 지금도 나는 공간을 설계할 때마다 그 몽마르트르의 옥탑을 떠올린다. 완벽하지 않았던 난방, 삐걱거리던 계단, 빛이 늦게 들어오던 아침까지도 포함해 그 집은 내게 말했다. 공간은 기능으로만 완성되지 않는다고. 진짜 공간은 사람이 머물며 생기는 흔적과 말없이 흐르는 시간 속에서 완성된다고.

그래서 이제 나는 무엇을 더할지보다 무엇을 남길지를 먼저 고민한다. 설명하기 위해 채우기보다 존재가 드러날 수 있도록 비워둔다. 공간이 앞에 나서지 않을 때, 그 안에 있는 사람은 더 또렷해진다. 몽마르트르의 그 집은 내게 디자인 기술을 가르친 것이 아니라, 태도를 가르쳤다.

우아함은 설계되는 것이 아니다. 그것은 살아낸 시간 위에 조용히 쌓여 비로소 스스로를 드러낸다.

관능의 건축

유혹을 예술로 바꾸는
공간의 미학

파리지앵에게 플러팅은 단순한 연애 기술이 아니다. 그것은 일상을 채우는 사회적 언어로 농담 속에도, 짧은 대화 속에도, 스치는 눈빛 속에도 자연스럽게 스며들어 있다. 플러팅을 하지 않는 게 오히려 더 어색하게 느껴질 만큼. 그들은 플러팅을 사귀기 위한 기술로 좁혀 보지 않고, 관계에 볼륨을 더하는 세련된 태도로 여긴다. 그렇게 보면 플러팅은 결과가 아닌 과정이고, 대화의 유희이며, 긴장과 재미를 즐기는 문화적 행위다. 그래서 프랑스인들은 자주 말한다. "플러팅은 프랑스식 예술이죠." "플러팅은 프랑스에서 국가 스포츠예요." 그런 플러팅의 감각은 밤이 되면 더욱 빛난다. 낮에는 보이지 않던 시선과 말투, 몸짓의 리듬이 어두운 공간 속에서 더 뚜렷해진다. 이 도시는 유혹을 숨기지 않는다.

가장 안전한 배경, 어둠

파리에는 낮보다 밤이 더 잘 어울리는 공간들이 있다. 그곳들은 어둠 속에서 빛을 내며, 침묵 속에서 더 많은 이야기를 한다. 호텔 코스테스Hotel Costes. 루브르박물관에서 몇 걸음 떨어진 이곳은 겉보기에는 아무런 표식도 없어, 무심코 걷다보면 그냥 지나쳐버리기 쉬울 만큼 조용한 입구를 가지고 있다. 하지만 한 발짝만 안으로 들어서면 공간은 곧 태도를 바꾼다. 어두운 조도의 로비, 벨벳 소파, 붉고 검은 패브릭이 만들어내는 관능의 공기. 자크 가르시아Jacques Garcia가 설계한 이곳은 파리 벨 에포크의 화려함과 오리엔탈의 장식미가 결합된 '유혹의 인테리어'가 무엇인지를 여실히 보여준다.

호텔 코스테스의 밤은 유달리 더 느리게 흐르는 듯하다. 칵테일 바에서는 음악이 낮게 흐른다. 라운지에 앉은 사람들은 서로의 얼굴을 똑바로 보지 않고, 대신 조명이 닿는 손끝, 담배 연기, 와인이 담긴 유리잔의 흔들림만이 시선을 사로잡는다. 호텔은 손님에게 관객이 되기를 강요하지 않는다. 다만 '이 공간 안에서는 당신도 주인공이 될 수 있다'고 속삭일 뿐. 어둠에 묻힌 공간은 모든 것을 보여주지 않는 대신, 더 많은 상상을 허락한다. 벽면을 가득 채운 금빛 프레임의 거울은 빛을 반사하기보다 그림자를 품어 어둠에 깊이를 더한다. 테이블 위에 놓인 작은 촛불조차, 밝히기 위한 것이라기보다 어둠을 강조하는 장치처럼 보인다.

코스테스는 유혹의 공간이 어떠해야 하는지를 보여준다. 모든 것을 보여주기보다 보여줄 듯 보여주지 않는 공간이 더 많은 상상을 자극하며 감각을 일깨운다는 것을. 그래서 이곳의 어둠은 음침하지 않다. 오히려 숨결처럼 고요하고 부드럽다. 그래서일까. 이 공간에서 사람들은 더 용감해지고, 더 솔직해진다. 어둠은 약점을 숨기면서, 동시에 욕망을 드러낼 가장 안전한 배경이 된다.

또다른 관능의 공간들

같은 밤의 결을 품은 또다른 공간, 라 벨 에포크La Belle Époque. 뤼 데 프티 샹rue des Petits Champs에 자리한 이 레스토랑은 벨 에포크 시대의 타일과 황동, 스모키한 조명이 만들어내는 묘한 무대감을 보여준다. 작은 입구를 지나 안으로 들어서면, 시간이 뒤틀린 듯한 공간이 모습을 드러낸다. 마치 19세기 보드카 바에서 술잔을 기울이는 러시아 귀족이 된 듯한 착각. 초현실적으로 배치된 거울과 은은한 황동의 빛은 사람의 표정보다 그림자를 더 돋보이게 한다. 벽을 따라 늘어선 작은 램프들로 생겨난 반음영은 얼굴의 일부를 가리고, 일부만 드러낸다. 공간이 시간을 거슬러 만들어낸 판타지. 이곳에서 음식을 먹는다는 건 단순한 식사가 아니라, 관능의 의식이다. 천천히 그 의식에 녹아들다보면 포크와 나이프가 부딪히는 소리조차 마치 오케스트라의 일부처럼 느껴진다. 이것은 시대를 초월해 끊임없이 재해석되어온 파리의 유혹이다.

또다른 밤의 유혹은 피갈Pigalle에 위치한 호텔 아무르Hotel Amour에서 시작된다. 이곳은 그래피티아트와 붉은 벨벳, 골드, 어두운 코너를 혼합해 현대적 관능을 가볍고 대담하게 풀어낸다. 좁은 복도 끝의 작은 조명, 벽을 가득 채운 일러스트, 침대 위의 미러볼 장식—모든 것이 약간은 과장되어 있지만, 그래서 더 솔직하게 느껴진다. 공간이 넓은 것도 아닌데, 안에 들어서는 순간

몸의 감각이 확장되는 느낌. 호텔 아무르는 말하는 듯하다. '유혹이 꼭 무거울 필요는 없어. 가벼움 속에 깃든 농밀함이 오히려 더 자극적이지.' 이곳에서는 소리마저 장식이 된다. 복도에 울리는 힙합 비트, 방 안에 흐르는 낮은 재즈 음악, 바에서 들리는 웃음소리…… 그 모든 소리가 섞여 이 공간만의 리듬을 만든다.

그리고 파리의 관능을 예술로 승화시킨 가장 상징적인 공간, 크레이지 호스Crazy Horse. 샹젤리제 인근, 화려한 거리의 불빛 속에서도 이곳의 입구는 오히려 얌전하다. 그러나 문을 열고 들어서는 순간, 전혀 새로운 경험이 시작된다. 붉은색과 검은색의 강렬한 대비, 조명이 만들어내는 빛의 감각적인 각도, 그리고 그 빛 속에서 추상화된 여성의 몸. 크레이지 호스의 관능은 단순한 에로티시즘을 넘어서는 미학을 보여준다. 이 공간은 결코 여성의 몸을 대상화해 소비하지 않는다. 오히려 빛과 색, 패턴의 오브제로 변환해 그 아름다움을 예술로 승화시킨다. 조명의 각도와 색감이 빚어낸 시각적 관능은 그대로 보는 사람에게 전해진다. 그렇게 무대와 객석의 경계가 허물어지면서, 보는 사람마저 하나의 오브제가 된다. 때문에 이곳의 무대는 에로틱하나, 천박하지 않다. 빛은 몸을 드러내는 동시에 감추고, 색은 살갗에 감각을 덧칠한다. 파리의 관능은 언제나 공간과 조명의 미학적 설계에서 비롯되며 결국 예술을 통해 완성된다는 것을, 크레이지 호스는 묵묵히 증명한다.

이렇듯 파리의 관능적인 공간에는 공통된 마감의 언어가 있다. 빛을 흡수하는 짙은 색의 벨벳 소파, 따뜻하고 부드럽게 반사되는 황동 테이블, 어두운 버건디와 딥그린, 차콜 색상의 벽과 커튼. 이곳에 놓인 묵직하고 낮은 가구들은 사람의 움직임을 느리게 하고 생각과 말의 속도를 늦춘다. 마호가니 우드 패널과 스모키 미러는 공간에 깊이를 더하고, 스모크 글라스 샹들리에에서 떨어지는 희미한 빛은 얼굴을 은근하게 비춘다. 빛 사이로 피어오르는 담배 연기는 마감재 위에서 흐릿한 필름처럼 퍼지며, 모든 것의 경계를 부드럽게 흐려놓는다. 관능적인 공간이란 결국, 연기처럼 부드럽게 사람의 몸과 마음을 이완시키고, 빛과 그림자, 촉감과 향의 농도를 차곡차곡 쌓아올려 완성되는 것이다.

사람을 풀어지게 함으로써 유혹의 장소가 되는 공간들. 부드러운 소파에 몸을 기대게 하고, 어두운 조명이 표정을 감추어 마음의 긴장을 풀게 하는 곳. 테이블은 서로 가깝게 배치되어 대화의 소리를 삼켜주고, 음악은 너무 크지 않아 속삭임이 자연스러워지는 곳. 그렇게 공간은 천천히, 그러나 확실하게 사람을 이완시킨다. 풀어진 몸과 마음은 자연스럽게 더 많은 것을 받아들일 준비를 한다. 파리의 유혹은 강요가 아니라, 수용되길 기다리며 이뤄지는 설득이다.

이렇게 관능적인 공간들은 그 안에 있는 사람이 무엇을 어떻게 느끼게 만들 것인가에 집중한다. 파리의 호텔과 바, 레스토랑 들은 하나같이 '무엇을 보여줄 것인가'보다 '무엇을 느끼게 할 것인가'를 먼저 고민한다. 조명의 높이, 벨벳 소파의 감촉, 황동 테이블이 주는 온도감, 달콤한 와인 향이 섞인 공기의 농도까지 모든 것이 무의식의 차원에서 경계를 허물고 감각을 깨우는 장치들이다. 유혹은 감각의 설계로 완성된다는 사실을, 파리의 공간들은 알고 있는 듯하다.

이런 공간에서의 관능은 언제나 고차원적이다. 그것은 단순히 시각적 자극이나 육체적 접촉에 머물지 않으며, 미학적 설계, 문화적 맥락, 역사적 층위와 얽히고설켜 있다. 퇴폐적이면서도 품위 있는 벨 에포크 시대의 황금빛 장식, 이국적이면서도 세련된 오리엔탈 패턴, 두려움이 아닌 호기심을 느끼게 하는 어둠처럼. 파리는 사람들에게 말한다. '당신의 욕망은 추하지 않다.

오히려 아름답다.' 공간은 이 도시의 유혹을 가장 고급스러운 방식으로 표현한다.

파리의 공간은 사람을 '관객'이 아닌 '배우'로 만듦으로써 유혹에 참여시키는 듯하다. 호텔 코스테스의 라운지에 앉아 있는 사람들도, 크레이지 호스의 무대를 바라보는 사람들도, 단순히 보는 역할에만 머무르지 않는다. 그들은 공간의 일부가 되고, 무대의 연출이 됨으로써 밤의 시나리오 안에서 각자 부여받은 역할을 수행중이다. 유혹은 이렇게 완성된다. 공간은 사람을 초대하고 이완시키고 역할을 부여한 다음, 종국에는 그들이 스스로를 가장 솔직하게 드러내도록 만든다. 이 공간들은 그런 유혹의 시나리오를 설계하는 관능의 극장이다.

프랑스식 관능을 이야기할 때, 어떤 사람들은 마르키 드 사드Marquis De Sade의 이름을 떠올린다. 인간의 가장 은밀한 욕망을 거칠고 솔직하게 드러낸 그의 미학은, 퇴폐적 매혹의 한 극단을 보여준다. 하지만 내가 다녀온 파리의 공간들이 선택한 방식은 사드식 잔혹함이 아니었다. 이 도시의 호텔, 바, 극장 들은 사드의 세계처럼 적나라하지도, 거칠지도 않다.

그런 점에서 파리의 유혹은 오히려 오스카 와일드의 미학에 가까운 것 같다. 와일드가 『도리언 그레이의 초상』에서 보여준 것처럼, 파리의 공간은 인간의 욕망을 숨기지 않으면서, 그 위에 부드러운 장식을 덧입힌다. 욕망이 존재함을 그대로 인정하면서 그것을 부끄러운 것이 아닌 아름답고 세련된 것으로 승화하는 것이다. 사드가 욕망의 본질을 날것으로 드러냈다면, 와일드는 그 욕망을 예술과 장식, 그리고 유머로 감싸안은 것과 비슷하다.

파리의 호텔과 바, 라운지 들은 말한다. 인간의 관능은 사드와 같은 공간에서가 아니라, 와일드의 화려하고도 지적인 무대에서 가장 자연스럽고 우아하게 빛난다고. 그래서 이 도시의 유혹은 무섭지 않고, 오히려 사람을 풀어지게 하며, 모르는 사이 더 솔직해지도록 만든다. 소란스럽거나 노골적이지 않게. 코스테스처럼, 라 벨 에포크처럼, 호텔 아무르처럼, 그리고 크레이지 호스처럼. 그것이 파리의 방식이다. 보여주지 않는 것을 상상하게 하는 파리의 유혹은 언제나 조용하고 우아하며, 놀랍도록 용감하다.

말하지 않는 공간에서
존재하는 법을 배우다

예술보다 한 걸음 뒤에 선
건축의 태도

파리에는 미술관이 많다. 루브르, 오르세, 퐁피두처럼 전 세계 관광객들이 찾는 대형 기관부터, 퐁다시옹 카르티에Fondation Cartier, 팔레 드 도쿄Palais de Tokyo, 퐁다시옹 피노Fondation Pinault처럼 현대적 미학과 실험 정신이 살아 있는 공간까지. 하지만 이 도시의 미술관이 특별한 이유는 단순히 그 수가 많아서가 아니다. 파리의 미술관은 예술을 대하는 방식부터 다르다. 그리고 그 차이는 공간에서 시작된다.

파리의 미술관에서 가장 인상적인 것은 예술보다 앞서지 않는 건축의 태도다. 공간이 말을 아끼고, 장식을 자제하며, 조심스럽게 물러서는 그 자세. 건축은 주인공이 아닌 배경이고, 조명은 강조가 아닌 흐름을 위한 장치다. 공간은 오로지 예술을 돋보이게 하기 위해 존재한다. 그러나 그 절제 속에서 오히려 더 강하게 느껴진다.

파리의 공간은 유독 말을 아낀다. 눈에 띄는 장식도, 과감한 색채도, 오감을 자극하는 감정적 연출도 없다. 그래서 그 안에 들어서는 순간부터 우리는 느끼게 된다. 이 도시의 공간은 스스로 주인공이 되려 하지 않는다는 것을. 이곳에서는 박물관과 미술관조차 예술작품을 위해, 혹은 그 안에 들어오는 사람의 감각을 위해, 한 발짝 뒤로 물러선다.

한 걸음 물러나는 건축의 태도

풍다시옹 카르티에에 들어섰을 때 가장 먼저 인식되는 것은 유리다. 이곳의 건축가는 장 누벨Jean Nouvel. 카르티에재단의 현대미술 컬렉션을 위한 공간으로 설계된 이 건물은 철제 프레임과 투명 유리로 이루어진 미니멀한 구조를 하고 있다. 건축물 외곽은 이중 유리 파사드로 되어 있어 내부와 외부, 자연과 도시, 예술과 관람객 사이의 경계를 흐린다. 공간은 전시보다 주변 풍경을 더욱 적극적으로 끌어들임으로써 건물을 마치 '투명한 장치'처럼 기능하게 한다. 안과 밖이 훤히 보이는 건물의 외피 너머로 흔들리는 나무와 하늘, 거리의 사람들이 그대로 들어온다. 공간은 전시중인 작품들을 품고 있지만, 그 어떤 작품보다 더 큰 인상을 남기는 것은 바깥 풍경이다. 이는 장 누벨 특유의 '보이지 않는 건축' 철학이 구현된 예로, 관람객은 예술과 마주하면서도 동시에 바깥 세계로 시선을 나누어주게 된다. 유리 벽은 시선을 막지 않고 통과시킨다. 공간은 존재하되 개입하지 않으며, 예술은 공간이라는 틀 안이 아닌 도시와 자연 사이에, 시간과 그림자 위에 조용히 놓인다. 카르티에는 투명해짐으로써 예술의 뒤에 머무르는 태도를 보여준다.

　팔레 드 도쿄는 완전히 다른 방식으로 침묵한다. 이곳은

1937년 파리 만국박람회를 위해 지어진 건축물로, 원래는 파리 현대미술관Musée d'art moderne de la Ville de Paris과 국립박람회관 장소로 쓰였다. 이후 여러 차례 용도가 바뀌었다가, 2002년을 기점으로 지금의 실험적 전시 공간으로 개조되었다. 기존의 기념비적 외관은 그대로 유지하면서 내부는 철저하게 비정형적인 노출 구조로 재구성된 것이다. 거친 노출 콘크리트와 벗겨진 벽, 탈맥락화된 공간의 리듬, 비대칭성과 긴 동선은 의도된 미완성이 전시의 기본 태도임을 보여준다. 이는 파리에서 보기 드문 '반건축적 공간'으로, 관람객으로 하여금 공간과 예술 사이의 관계를 스스로 조정하게 만든다. 이곳은 공간이 예술의 프레임으로 사용되기보다 그 자체로 맥락이 되는 매우 드문 사례다. 팔레 드 도쿄는 언뜻 말이 많아 보이지만, 그 언어는 아주 오래된 물성의 문법을 사용한다. 마감되지 않은 표면에는 틈이 많고, 긁힌 자국도 도처에 있다. 그러나 그 결핍은 오히려 작품을 떠받치는 힘이 된다. 공간은 완전해지려 하지 않는다. 그 거친 태도 속에서 관람객은 오히려 긴장을 늦추게 된다. 보여주려는 의도가 없기 때문에 예술은 오롯이 스스로를 드러낸다. 무심한 듯 구성된 이 무대 위에서 예술의 파장은 오래도록 이어진다.

한편 최근 몇 년에 걸쳐 레너베이션을 한 후 성황리에 개관한 퐁다시옹 피노는 말 그대로 정적靜寂의 공간이다. 18세기에 지어진 이 건물은 원래 상업거래소Bourse de Commerce로, 파리 중앙시장 인근에서 곡물 거래를 하는 장소로 사용되었다. 둥근 평면과 거대한 돔 구조, 고전주의적 입면이 인상적인 상업거래소는 경제와 유통의 중심지였다. 그러다 2016년 프랑수아 피노François Pinault의 개인 현대미술 컬렉션을 보관할 목적으로 일본 건축가 안도 다다오의 손을 거쳐 레너베이션되었고, 2021년 퐁다시옹 피노라는 이름으로 재개장했다. 안도는 원형 건축 내부에 또하나의 원형 콘크리트 구조물을 삽입하는 방식으로 새로운 질서를 만들어 냈다. 이 이중 구조 사이의 여백과 침묵이 퐁다시옹 피노의 감도 와 정서를 결정 짓는다. 그렇게 빛과 시간의 흐름을 품는 다원형 건축 위에 새로 얹힌 콘크리트 구조물은 이 공간에서 그 어떤 요 소보다 조용한 긴장을 만들어낸다. 고전적 아치와 현대적 원이 겹쳐지고, 빛은 돔형 천창을 타고 천천히 흘러내린다. 바닥, 기 둥, 천장은 말없이 조화를 이룬다. 이곳에서 공간은 어떤 역할도 주장하지 않으며 예술작품에 앞서 자신을 드러내는 법도 없다. 대신 그 정적은 예술의 시간을 연장한다. 작품을 향하는 시선은 공간의 구조를 따라 부드럽게 흘러가고, 관객은 건축보다 예술에 먼저 가닿게 된다.

모든 것을 말하는 게 디자인의 역할이 아니라고 한다면, 파 리는 그 모범을 이처럼 가장 세련된 침묵으로 보여준다.

그와는 반대로, 퐁다시옹 루이뷔통Fondation Louis Vuitton은 내가 개인적으로 선호하지 않는 미술관 중 하나다. 프랭크 게리의 유 려한 곡선과 유리의 과감한 조형미는 분명 뛰어난 건축적 성취 이지만, 그 지나친 자기 과시가 오히려 예술을 압도하고 만다. 비 정형의 외피, 흐름을 제어하는 동선, 공간이 펼치는 퍼포먼스는 관람객의 시선을 끊임없이 건축에 붙잡아둔다. 그래서 작품이 배 경에 머무르게 된다는 느낌을 지우기 어렵다. 미술관이라는 공간 이 예술을 위해 자진해서 물러남을 택하기보다 스스로를 드러내 려 할 때, 나는 그 안에서 감정의 균형을 잃는다. 루이뷔통은 너 무 많은 것을 말하고 싶어한다. 건축이 예술보다 앞서 걷는 바람 에 관객은 그 감동에 완전히 빠져들지 못하게 된다.

건축은 예술작품 앞에서 스스로를 지우는 한편, 인간에게 는 거리를 둔다. 예술을 위한 배경으로, 감각을 위한 여백으로 존재하며 예술을 위해, 관람객을 위해 조용히 물러선다. 그렇게 건축이 존재함으로써 감정의 여백이 될 수 있음을 보여주는 것이다. 어떻게 머무를지, 어디를 바라볼지, 얼마나 가까워야 서로를 존중할 수 있는지를. 조용한 설계, 절제된 감정, 말없이 이루어지는 배려. 그것이 이 도시가 건축을 통해 말하는 방식이요, 미술관 공간이 지닐 수 있는 깊이 있는 태도다. 이런 곳들은 말하지 않음으로써 더 깊은 이야기를 들려준다. 그리고 우리는 그 침묵 속에서 존재하는 법을 배운다. 이는 단순한 미적 연출이 아니라, 공간이 사람을 대하는 태도이자 윤리다.

파리의 미술관은 결국 하나의 선언이다. 건축이 예술작품보다 앞서지 않겠다는 선언. 그 뒤에는 공간이 감정을 대신 말하지 않겠다는 다짐이 있다. 이런 곳에 들어설 때 우리는 말보다 깊은 감각의 언어로 우리 존재를 가만히 되돌아보게 된다.

그림자를
디자인하는 도시, 파리

빛보다 어둠이
오래 남는 이유

파리의 거리를 걷다보면, 밤이 낮보다 시각적으로 더 정교하게 설계되어 있음을 깨닫게 된다. 도시가 어두워질수록, 빛의 언어는 명료해진다. 파리의 가로등은 단순한 조명이 아니다. 그것은 도시의 감정을 조율하고, 보행자의 리듬을 유도하는 하나의 건축적 장치다.

19세기 조르주외젠 오스만Georges-Eugène Haussmann의 도시 개조 당시, 가로등은 파리를 '밤에도 읽을 수 있는 도시'로 만드는 중요한 전략이었다. 하늘을 향하지 않고, 항상 땅과 사람을 향해 기울어진 빛. 이 도시의 빛은 건물 외벽에 부착되어 있거나 인간의 눈높이에 맞춘 간접광으로 배열되어 있다. 파리의 가로등은 도시를 비추기 위한 조명이라기보다 잠시 걸음을 멈추고 감정을 응시할 수 있게끔 하는 빛의 구조다.

건축적으로 파리의 조명 구조는 도시와 매우 밀착되어 있다. 예컨대, 마레 지구의 좁은 골목에 설치된 1세대 가스등형 가로등들은 석조 건물 외벽에 리듬감 있게 부착되었다. 가로등 하나하나가 마치 파사드의 일부처럼 기능하며, 그 자체로 도시적 장식이 된다. 가로등은 건물과 거리 사이의 음영을 만들고, 시선의 흐름을 천천히 분절시킨다. 이는 건축의 연장이자, 그림자를 유도하는 장치다. 말하자면, 파리의 가로등은 기능적 설비가 아닌 감응을 위한 연출인 것이다.

현대적 조명 디자인으로 넘어온 뒤에도 파리는 결코 과하게 밝아지지 않았다. 철제 가로등 폴은 기능보다 선線의 미감을 더 우선시하는 한편, 발광체는 대부분 따뜻한 백색광 혹은 황동빛이다. LED의 차가운 빛은 철저히 피하고, 대신 감정의 여운이 머무를 수 있는 조도와 배광 각도를 철저히 설계한 결과다. 이렇게 파리는 도시 전체가 스포트라이트가 아닌 몽타주처럼 느슨하게 중첩된 새도로 구성되어 있다.

조도의 설계는 도시에서 가장 사적인 경험이라 할 수 있는 걷기walking를 유도한다. 걷기는 목적지를 향해 똑바로 나아가는 효율적 이동만을 위한 게 아니다. 그것은 세상과 나 사이의 거리를 조율하는 행위다. 군중 속에 섞여 있으면서도 오직 나만의 리듬으로 느려지기도 멈추기도 하는 동안 매 순간 눈에 들어오는 것들은 세계와의 마주침을 구성한다. 발걸음마다 세계는 재구성된다. 파리의 밤거리를 스치는 빛은 바로 그 내밀한 리듬을 감싸안는다. 따뜻한 가스등 빛이 석조 파사드의 곡면을 따라 흘러내리며 오래된 건물의 굴곡 사이사이를, 거기에 깃든 역사와 서사를 조명한다. 어둠과 빛이 완전한 대조로 맞서는 대신 서로를 구성하는 그 미세한 경계 속에서, 걷는 이는 자기만의 시간에 잠기어 도시의 표면에 자신만의 이야기를 조용히 새겨넣는다. 파리의 밤길을 걷는다는 건, 단지 이동하는 것이 아니라 공간과 감정이 서로 반사되고 흘러가는 '공간적 감응'을 적극적으로 향유하는 행위다. 거리의 가로등은 보행자를 인도하기보다 오히려 멈추게 한다. 담배에 불을 붙이거나, 포스터를 들여다보거나, 타인의 그림자에 맞춰 걷게 하는 식으로. 이곳에서 빛은 우리가 특정 공간에 머무르는 이유가 된다.

빛이 없는 어둠 속에서, 건물의 입면은 낮보다 더 또렷하게 보인다. 카페의 브론즈 간판, 석재 벽면의 부조, 닫힌 창문 위의 페이크 발코니…… 파리의 가로등은 이러한 요소들을 드러내기 위해 존재하는 게 아니다. 빛은 오히려 이것들의 '드러나지 않을 권리'를 허용한다. 파리는 도시의 조도를 인프라가 아닌 태도로 다룬다. 그 태도는 공간이 아닌 사람의 감정 곁에서 설계된 것이다. 어둠을 피하지 않고 받아들이며 그 시간 안에서 감정을 조율하도록. 빛과 어둠이 만들어내는 파리의 풍경은 도시의 야경이라기보다 차라리 도시의 내면이다.

파리의 공간은 언제나 밝음보다는 어둠으로부터 시작된다. 처음 이 도시에 도착했을 때 나는 창문보다 커튼에 먼저 시선을 빼앗겼다. 천장에서 바닥까지 늘어진 두 겹의 커튼은 햇빛을 완전히 막지 않고 오히려 느슨하게 받아들이며 빛이 머물 시간을 길게 늘여주었다. 파리의 빛은 직진하지 않고, 유리창과 커튼, 가구와 벽면을 따라 굴절되며 공간을 천천히 적신다. 이 느린 침투는 조도의 언어이고, 공간이 감정을 쌓아가는 방식이다. 그 때문인지 파리의 실내는 거의 언제나 은은하다. 직접 조명보다 간접 조명이 주가 되며, 색의 온도는 늘 따뜻하다. 천장에는 전구 하나 없고, 대신 벽에 붙은 작은 조명이나 책장 뒤로 숨겨진 라이트 바가 그림자를 유도한다. 빛은 사물의 정면보다 주변부를 드러낸다. 반사와 굴절, 여백과 음영이 설계된 도시. 파리에서 '보이는 것'은 언제나 완전한 형태가 아니라, 어딘가 가려져 있는 부분적인 윤곽이다.

　루브르박물관 외곽의 갤러리 아케이드는 이 도시의 간접광 미학을 가장 구조적으로 보여주는 공간이다. 유리 지붕과 철제 프레임, 석조 기둥이 직각으로 겹쳐지며, 햇빛은 언제나 '선'이 아닌 '결'로 들어온다. 그 결은 걷는 이의 그림자를 어깨에서 발끝까지 나누어 흐르게 한다. 그림자는 고정되지 않고, 사람의 움직임에 따라 부서지고 이탈한다. 이 변화는 파리라는 도시에서는 빛보다 어둠이 더 능동적으로 작용한다는 것을 보여준다.

유리의 집 ─ 메종 드 베르

　파리에서 빛은 기능이 아닌 감정 그 자체다. 그것은 오히려 그림자를 설계하기 위한 장치에 가깝다. 파리에는 이 감각을 집요하게 구조화한 건축물이 있다. 메종 드 베르Maison de Verre.▪'유리의 집'이라는 이름을 가졌지만, 이 집은 결코 투명하지 않다. 외벽을 이루는 유리 블록은 바깥의 빛을 통과시키되, 그 형태나 색을 분명히 드러내지 않는다. 흐린 빛, 부유하는 실루엣, 그리고 투과와 반사가 반복되는 내부. 이곳에서 공간은 불명확함을 통해 더욱 예민해진다. 빛은 확산되지 않고 내부에 머무른다.

　메종 드 베르는 보여주기가 아닌 남겨두기의 미학을 철저하게 드러낸다. 내부 구조는 금속 프레임과 기하학적 레이아웃으로 구성되어 있지만, 그것들이 선명하게 다가오지 않는다. 빛은 구조물에 닿고, 금속 틈새로 새어 나온 그림자가 내부에 긴장감을 불러일으킨다. 그 그림자는 디자인된 결과물이라기보다 존

▪

1932년 파리 생제르맹 지역에 지어진 병원-주거용 건물로, 유리로 된 전면 파사드와 노출된 철골 구조물이 특징이며, 빛을 건축적 재료로 다룬 선구적 사례이자 20세기 건축의 걸작으로 평가받는다.

재의 흔적처럼 떠다닌다. 파리의 건축이 아름다운 이유는 결국, 그것이 항상 '조금 모자란 채로' 완성된다는 데 있다. 그림자를 남길 수 있는 여백. 그것이야말로 이 도시가 공간에 감정을 남기는 방식이다.

보기보다 느끼기 — 아랍세계연구소

이 빛의 철학이 극단적으로 기술화된 공간이 바로 아랍세계연구소Institut du monde arabe다. 장 누벨의 대표작 중 하나인 이 건물은 외벽에 설치된 수백 개의 기계 셔터—아라베스크 문양을 모티프로 한 다이어프램 구조물—를 통해 자연광의 유입을 자동으로 조절한다. 햇빛은 시간과 계절, 날씨에 따라 변화하며, 이 빛이 자연스레 투과된 실내는 항상 가장 미묘한 조도 속에 놓인다. 빛은 직접 들어오지 않는다. 문양을 통과한 광선은 퍼지고 흐려지며, 내부의 흰 벽과 유리, 금속 표면 위에 감각적인 그림자를 만들어낸다. 이곳에서는 그림자가 공간을 구성하는 중심 언어다.

아랍세계연구소는 파리의 빛 감도를 가장 현대적으로, 기계적으로, 동시에 시적으로 설계한 공간이다. 그림자는 더이상 없애거나 부차적으로 취급할 무언가가 아니라, 적극적인 디자인의 재료이며, 감정의 벡터다. 이곳에서는 빛이 아닌 조도가 감정을 조율하고, 그림자가 공간의 무드를 결정한다. 파리에서 빛은 항상 물질을 넘어 정서로 흐른다.

나는 이 도시에서 빛을 보는 방식보다 그림자를 느끼는 방식을 먼저 배웠다. 파리는 결코 공간을 환하게 밝히지 않는다. 대신, 사람을 머물게 한다. 조용히, 오래. 그래서 이 도시에서 오래

남는 것은 빛이 아닌 어둠이다. 마치 어둠이야말로 공간의 태도를 완성하는 요소라는 듯이. 밤이 되면 파리의 상징조차도 그 태도를 따른다. 매시간 정각이면 반짝이는 에펠탑의 조명은, 도시가 어둠 속에서 얼마나 정교하게 감정을 설계하는지를 보여주는 찰나의 숨결이다. 낮에는 드러나지 않던 공간의 결을 드러내는 빛은, 이렇게 어둠이 있어야 제 역할을 다한다.

그래서 파리는 낮보다 밤에 더 아름답고, 밝음보다 어둠이 더 잘 어울리는 도시다. 환하게 비추기보다는 조용히 머물게 하고, 모든 것을 설명하기보다는 일부를 미지로 남겨두는 공간. 바로 그 여백 속에서 감정이 똬리를 튼다. 공간은 기능을 넘어 감정의 깊이를 설계하고, 시각적 효과를 넘어 태도의 밀도를 만들어낸다. 어둠은 빛의 결핍이 아니다. 그것은 이 도시가 선택한 감각의 언어다.

빛으로 태도를
말하는 도시

밤, 서울의 진짜 얼굴이
드러나는 시간

서울의 밤거리를 걷노라면 눈이 부시다. 도시는 마치 불면 증에 걸린 거대한 생명체처럼 잠들 줄 모른다. 밤이 되면 이 도시는 또다른 얼굴을 드러낸다. 낮의 서울은 모두가 자신을 감추느라 바쁘다. 회색빛 외벽, 닫힌 커튼, 말없는 엘리베이터, 예측 가능한 마감재들. 한강변을 따라 정렬된 아파트들의 모습은 인공위성에서 내려다봐도 별다를 것 없다. 그러나 해가 지고 나면, 그 모든 평범한 외관 위로 갑작스러운 감정의 과잉이 펼쳐진다. 간판이 켜지고, 미디어 파사드가 깜빡이고, 네온은 색을 바꾸며 끊임없이 무언가를 증명하려 한다.

감춰졌던 정서가 공간 바깥으로 쏟아져나오는 시간 — 서울의 밤은 그렇게 낮보다 훨씬 더 노골적이다. 홍대 골목길에서는 간판들이 서로의 목소리를 삼키듯 빛을 쏟아낸다. 파란 LED, 형광분홍 네온, 3D 입체 간판 들은 한 치의 어둠도 허락하지 않겠다는 듯이 거리를 밝힌다. 마치 이 도시는 끊임없이 '나는 여기 있다'고 외치는 듯하다. 하지만 그 밝음은 따뜻하지 않다. 밝음이라는 가면 뒤에 숨은 피로가 느껴진다. 이곳의 밤은 밝혀야 한다는 강박에 사로잡혀 있다. 카페 유리창을 뚫고 쏟아지는 하얀 빛, 버스 정류장의 광고판, 가게 앞을 뒤덮는 조명이 모두 하나의 전쟁처럼 느껴진다. 그 과잉된 빛은 사람을 드러내기보다 오히려 사람의 얼굴을 지운다.

나는 밤에 강남역 주변을 자주 지난다. 이곳은 한국에서 빛의 과잉이 가장 일상화된 장소 중 하나다. 낮에도 붐비지만, 해가 지고 나면 진짜 강남이 밝아온다. 크고 작은 건물들이 경쟁하듯 쏟아내는 간판의 빛, 미디어 파사드와 네온사인은 좀처럼 어둠을 허락하지 않는다. 그 빛은 소리 없는 고함처럼 도시를 뒤덮는다. 지나치게 밝은 거리를 걷다보면, 사람들의 표정도 흐려지고, 얼굴의 온기조차 사라진다. 누군가를 오래 바라보기가 어렵다. 강남의 밤은 그렇게 관계를 맺게 하기보다, 지나쳐야 하는 풍경처럼 다가온다. 화려함 뒤엔 끊임없이 무언가를 증명하고자 하는 도시의 불안이 숨어 있다. 그 불안 속을 걷다보면, 이곳의 빛은 결국 '욕망의 언어'라는 사실을 깨닫게 된다. 화려한 빛이 몰려 있는 곳은 대부분 상업적이고 경쟁적인 공간이다. 간판과 전광판은 말없이 외친다. '여길 봐. 여기서 돈을 쓰고, 나를 선택해.' 이 빛의 과잉 속에서 나는 종종 도시가 살아 숨쉬는 인간적 순간을 놓친다. 화려한 빛이 꺼진 뒤에 비로소 남는 것은 그림자의 허무한 과잉이다.

서울의 빛은 존재를 증명하는 언어다. 그래서 서울의 밤은 밝다. 어둠을 견디지 못하는 도시, 혹은 어둠을 두려워하는 도시라고 말해도 좋을 것이다. 이곳의 상업 공간들은 스스로를 끊임없이 드러내야 살아남을 수 있다는 믿음을 공유한다. 홍대 거리의 간판은 하늘을 향해 솟아 있고, 강남역 사거리는 서로를 덮치

듯 빛을 발산한다. 어느 하나 가만히 조용히 있는 법이 없다. 존재하기 위해, 살아남기 위해, 공간은 소리를 내는 대신 빛을 뿜는다. 밤거리의 화려한 빛은 단순히 어둠을 밝히는 시각적 수단이 아니라, 이 도시의 태도이자 생존 전략이다. 뉴욕의 타임스스퀘어 또한 스펙터클한 조명의 상징이지만, 그것은 일종의 연출된 무대에 가깝다. 이벤트적이고, 일시적이며, 어디까지나 관광객을 위한 과장된 쇼처럼 느껴진다. 반면 서울의 빛은 일상 그 자체다. 강남의 거리, 성신여대 앞 골목, 노량진의 분식집까지─모든 장소가 과도한 빛을 밝히고 있다. 도시의 모든 구석이 '살아 있음'을 입증하려 애쓰는 동안 이곳에서는 낮과 밤의 경계조차 희미해진다.

나는 때때로 묻는다. 왜 이토록 눈부시게 빛나야만 할까. 무엇을 그렇게까지 증명하고 싶은 걸까. 어쩌면 서울의 어떤 장소들은 늘 스스로를 증명해야 하는 처지에 있었는지도 모른다. 역사적으로도, 공간적으로도, 끊임없이 자신을 갱신하고 비교당하고 치열하게 설득해야 했던 도시의 부분. 그렇게 그곳들은 빛을 밝힘으로써 살아남았다. 그러나 지금, 우리는 그 빛에 질식해가고 있다.

오늘날 서울의 밤은 빛의 언어로 도시를 조직한다. 광고, 간판, 미디어아트는 단순한 장식이 아니라 존재의 선언이 된다. '나를 봐' '나 여기 있어' '나는 달라'. 각기 다른 빛이 자기를 증명하는 말을 쏟아내듯 깜빡이고, 시선을 끌기 위해 경쟁한다. 조도는 균일하지 않고, LED는 더 밝게, 더 선명하게 공간을 채운다. 서울의 밤 문화는 조명이 아닌 빛의 소음을 설계한다. 강남역 일대를 걷노라면, 공간이 '환대'를 실천하기보다 '공격'을 감행하고 있다는 사실을 느낄 수 있다. 이곳은 '어떤 사람'을 기다리는 게 아니라, '아무에게나' 먼저 다가간다. 화려한 서울의 밤거리에서 조명은 선택이 아닌 생존이다. 이곳에서 중요한 것은 정체성이 아닌 속도다. 시선이 머물 틈이 없을 정도로 환하게 밝혀진 그 공간을 우리는 익숙하게 통과해 지나간다. 과잉 속에서 나를 증명하지 않으면 사라질 것 같은 공포―그것이 번화가의 밤이 설계해둔 쉴 틈 없이 돌아가는 공간의 정서다.

이러한 정서는 밤의 강남에만 존재하는 게 아니다. 언젠가부터 공동주택, 카페, 헤어숍, 숍인숍까지 많은 공간이 빛을 통해 자신을 증명하려 들기 시작했다. 은은한 간접 조명, 아늑함을 가장한 오렌지색 빛, 벽면 전체를 감싸는 LED 무드 라인⋯⋯. 감정을 터놓고 드러내지 않는 사회에서, 그 빈자리를 조도가 대신 채운다. 침묵도 불편하지만, 정적이 곧 실패로 해석되는 이곳에서 우리는 조명을 통해 감정을 연기한다. 빛의 밝기는 우리의 기분, 빛의 색은 우리 감정의 언어다. 서울은 이 언어로 관계를 설계한다. 하지만 말했다시피 이렇게 과잉된 빛의 구조는, 역설적으로 감정의 공백을 드러낸다. 네온과 LED로 가득한 거리에서 진짜 감정이 오히려 소거되듯, 조명이 너무 많은 것을 비출수록 감정은 그 빛에 포획돼버린다. 빛이 존재감을 드러내는 동안, 그 빛 아래의 진짜 감정은 숨을 자리를 찾지 못하고 배회하게 된다. 그래서 서울의 밤은 늘 눈부시고 화려하지만, 동시에 쓸쓸하고 공허하다. 관계는 겹겹이 쌓이지만 깊어지지 않고, 공간은 넓어도 그 안에서 갖게 되는 마음은 여전히 좁기만 하다.

서울의 공간이 밤에야 말문을 트는 이유는, 낮이 상징하는 공간의 구조가 너무 억압적이었기 때문인지도 모른다. 도시는 동시대의 감정 구조를 반영한다. 그리고 공간은 그 구조를 가장 먼저 드러낸다. 서울이라는 도시는, 그 안에 사는 우리는 단기간에 너무 많은 것을 증명해야 했다. 근대화와 세계화, 글로벌 도시로서의 경쟁력과 기술력, 브랜드와 콘텐츠…… 그것이 뭐가 됐든. 그러는 동안 우리는 성장과 발전이라는 공동 목표의 부속으로 기능하며 '우리 자신'으로 살아갈 시간을 충분히 가지지 못했다. 남들과 속도를 맞추느라 '나'를 알아갈 시간이 부족했고, 효율을 위해 각자의 개성을 희생했으며, 수월성을 위해 창조성을 미루었다. 그러는 사이 실존의 불안이 이 도시에 자리잡았다.

밤이 되면 빛이 말하고, 조명이 설계하고, 간판이 외친다. 서울의 공간을 진심으로 이해하려면, 낮이 아닌 밤을 봐야 한다. 눈을 감지 못하는 도시, 말보다 빛으로 소통하는 거리, 어둠을 설계하지 못하는 사회. 이 도시는 그저 존재하는 것만으로는 부족하다는 듯, 끊임없이 자기 증명을 강조한다. 그것이 서울의 밤거리라는 공간이 보여주는 태도다. 밝고, 눈부시며, 동시에 불안한. 그것은 이 도시가 감정을 어떻게 감추고, 어떻게 증명하며, 어떻게 버텨내는지를 말해준다.

서울의 밤은 아름답다. 동시에 피로하다. 찬란하지만 잔인하다. 이 도시는 매일 밤, 전시되지 않은 삶까지도 강제로 무대 위로 끌어올린다. 이 공격적인 빛의 문화는 도시의 리듬을 무너뜨린다. 우리의 도시에는 어둠이 없다. 아니, 어둠이 사라진 지 오래다. 사람은 낮에 활동하고 밤에 쉬는 존재이지만, 이곳의 밤은 결코 조용해지지 않는다. 새벽 4시까지 운영되는 카페, 술집, 24시간 불을 밝히는 편의점, 무인으로 돌아가는 피트니스센터. 밤은 더이상 휴식이 아니다. 그것은 연장된 소비의 시간이다. 이 과도한 밝힘의 문화 속에서 사람들은 자기를 증명하기 위해 끊임없이 깨어 있고, 자연스러운 생체리듬은 점점 과잉된 도시의 빛을 닮아간다. 거리를 밝힌 조명에도, 그 조명이 비추는 사람들의 표정에도 창백한 피로감이 서려 있다.

　그 한복판에서 내가 걷던 조용하고 어두운 골목길들을 떠올린다. 조명이 드물고, 가장자리의 나무와 벽 사이로 깊은 그림자가 드리운 길. 도시를 걷다보면 어둠에도 온기가 있다는 것을 배운다. 가로등은 사람의 실루엣을 드러내기보다 그림자를 강조한다. 어둠 속에 몸을 숨기고 느슨하게 걷는 사람들…… 이들은 서로를 방해하지 않는다. 사람과 집 사이, 거리와 거리 사이에 어둠이 놓여 있음으로써 생기는 거리감과 여백. 그 여백이야말로 인간을 회복시키는 장소다. 너무 가까이서, 너무 밝게 드러나지 않는 관계. 그림자 속에서 우리는 누군가를 바라볼 수 있고, 스스로를 숨길 수도 있다. 그래서 나는 서울의 화려한 밤을 사랑하면서도, 이따금 어둠이 자리한 이 도시의 틈을 찾게 된다. 빛보다 그림자 안에 머무르는 그 순간, 도시가 비로소 사람을 닮아감을 느낀다.

　서울에는 여전히 어둠이 살아 있는 장소들이 있다. 남산 중턱을 걷는 길, 청계천 끝자락, 그리고 을지로의 낡은 주택가 골목. 그곳에서는 간신히 남아 있는 그림자가 온도를 만든다. 한편에 걸린 어두운 차양막 아래서 시간을 보내는 사람들, 벽에 비친 고양이의 그림자, 동그란 전등 아래 반짝이는 소주병. 이처럼 조용한 순간은 대부분 빛이 사라진 뒤에야 비로소 찾아온다. 서울의 진짜 얼굴은, 그 틈에 있다.

낡음은
결핍이 아니다

새것보다 단단한
흔적의 무게

뉴욕의 오래된 카페나 책방을 다니다보면, '이건 고쳐야 하는 거 아닐까?' 싶은 것들을 그대로 두는 공간을 자주 만난다. 닳아빠진 가죽 소파, 발끝이 말린 페르시안 카펫, 다리가 흔들리는 나무 의자, 그리고 오랫동안 닫히지 않았던 듯한 창틀…… 모두 낡은 모습 그대로, 단단하게 존재하고 있다.

뉴욕은 낡음을 버리지 않는다. 대신 그것을 그대로 노출시키며 공간의 리듬으로 삼는다. 이곳의 낡음은 우연히 얻어진 것이라기보다 정확하게 계산된 무심함이다. 놀리타Nolita에 위치한 브런치 바 카페 지탄Café Gitane을 예로 들어보자. 스툴과 철제 바 테이블의 빈티지한 무심함이 인상적인 이곳은 새것보다 오래된 것을 구조로 삼아 배치하는 방식을 알고 있다. 오래된 러그는 바닥의 균일함을 무너뜨리고, 깨진 타일은 벽에 시간을 새긴다. 철제 테이블은 삐걱거리는 소리로 존재를 드러내고, 페인트가 벗겨진 의자는 얼마나 많은 사람이 얼마나 오래 그곳에 앉아 있었는지를 몸소 증언한다. 공간을 이루는 모든 요소는 공들여 꾸며놓은 것보다 더 솔직하게 느껴진다. 이것은 설명이라기보다 감각에 가깝다. 우리는 이걸 디자인이라고 부르지 않는다. 이것은 어떤 공간만이 지닌 고유한 '공기' 즉, 정체성이다. 너무 새롭지도, 너무 완벽하지도 않은 이 공기. 덕분에 그 안에는 사람이 앉을 자리가 생긴다.

뉴욕의 때가 탄 오래된 공간들은 완벽함에 집착하지 않는다. 대신 다듬지 않아도 되는 멋이 무엇인지를 정확히 알고 표현한다. 진정한 자기표현의 도시답다고 할까. 그 멋은 언제나 의도하지 않은 듯한 질서감으로부터 시작된다. 바닥과 벽의 경계는 카펫 위에서 흐릿해지고, 조명 아래로 드리운 그림자는 벽돌의 울퉁불퉁한 면 위에서 길어진다. 가끔은 먼지가 내려앉은 그대로, 손대지 않은 듯한 책장 하나가 그 공간을 더 믿음이 가는 곳으로 만든다. 완벽하게 정리된 공간보다, 조금 느슨한 리듬이 주는 여유. 그것이 시간의 흐름을 드러내고 낡음을 노출하는 방식이다. 낡은 공간에서는 벽돌이 드러난다고 해서 추잡해 보이거나 투박하게 느껴지지 않는다. 오히려 거기서 공간이 견뎌온 시간의 밀도가 감지된다. 낡은 가구는 감정을 불러일으키는 동시에 우리를 느슨하게 만든다. 그 낡음이야말로 가장 흉내내기 어려운 태도라는 것을, 나는 뉴욕의 어느 오래된 카페에서 배웠다.

낡은 가구를 그대로 두는 일은 생각보다 쉽지 않다. 어설프게 두면 남루해 보이고, 너무 많이 두면 의도가 빤히 읽힌다. 그래서 시간의 흐름을, 공간을 다녀간 사람들의 리듬을 잘 읽어내는 것이 중요하다. 무심히 놓인, 가장자리가 조금 닳아 있는 의자 하나가 공간에 시간의 밀도를 더한다. 색이 바랜 목재, 결이 부드러워진 패브릭, 반복된 손길이 남긴 자국. 그것들은 낡은 것이 아니라, 사용된 것이다. 카페 지탄에서는 그 무엇도 불편하게 느껴지지 않았다. 오히려 그 낡음은 공간을 살아 있는 장소로 만들어 주는 듯했다.

낡음을 덮지 않는 공간

주말이면 산보 삼아 자주 찾던 미트패킹 디스트릭트Meatpacking District의 갤러리가 하나 있다. 고급 패션 브랜드가 즐비해 있고 관광객으로 붐비는 거리 끝에 위치한 디아 첼시 갤러리Dia Chelsea Gallery. 육중한 철제 도어, 공장 구조 그대로 남겨진 천장, 지나치게 단단한 바닥—모든 것이 이 장소를 갤러리라기보다 무언가를 견뎌온 장소처럼 느껴지게 한다. 그러나 바로 그 낡음이 이곳을 '정제된 공간'으로 만든다. 정돈되지 않았기 때문에 감정이 먼저 도착할 수 있는 여백이 생긴다. 디아 첼시 갤러리는 과거를 덮지 않는 대신 그 위에 조용히 새로운 감각을 얹는다. 결코 완벽하게 매끈하다고 할 수 없는 벽에는 균열이 있고 결이 있다. 콘크리트의 거친 표면 위로, 빛은 직선으로 흐르기보다 확산한다. 뉴욕의 많은 공간은 이렇게 낡음을 그저 내버려둔다. 그 단순한 태도가 디아 첼시를 특별하게 만든다.

낡음을 믿는 공간

할리우드 배우들이 파파라치를 피해 자주 머무는 곳, '넘사벽'의 힙함으로 잘 알려진 바워리 호텔Bowery Hotel에 들어서면, 모든 감각이 순간적으로 느려진다. 디프 버튼 터프팅 디테일이 특징인 낡은 클래식 체스터필드 가죽 소파가 놓여 있고, 복잡한 머

댈리언medallion 패턴의 페르시안 러그가 헤링본 오크 마루 위에 겹겹이 깔려 있으며, 공장형 철제 프레임 창문을 통해 부드러운 자연광이 내부를 비춘다. 광택 없는 표면과 낮게 깔린 조명은 시선을 분산시키지 않고, 사람을 공간에 오래 머무르게 만드는 감정의 바닥을 만든다. 여기에 낡은 석고 마감과 노출된 벽돌이 어우러져 시간의 흔적이 느껴지는 낭만적 분위기가 완성된다. 벽면에는 빈티지 금박 프레임에 둘러싸인 유화 초상화가 걸려 있고, 드문드문 박제가 배치되어 있다. 유명 아티스트의 작품보다는 익명성이 주는 서사에 힘을 실으며 시대감을 드러내는 앤티크 컬렉션. 이곳은 새것의 반짝임보다 오래된 것의 중력을 믿음으로써 미학을 완성한 낡은, 날것의 공간이다. 여기서 마모는 결핍이 아니다. 오히려 그것은 시간의 축적이 만들어낸 표면, 믿을 수 있는 질감이다. 재료와 가구는 누군가의 손을 타고 몸에 부대끼며 형태가 다듬어졌고, 그 흔적은 지워지지 않은 채 하나의 분위기가 되었다. 그런 곳에 앉는다는 건, 시간에 대한 신뢰 위에 앉는 일이다. 바워리는 그렇게 오래된 것들 사이에 사람이 자연스럽게 스며들 수 있는 자리를 만들어두었다.

가끔은 서울이 너무 새것 같다는 느낌이 들 때가 있다. 시간이 머물 여백이 없어진 듯한 느낌……. 모든 것이 빠르게 변해서 무엇도 오래 머물 틈이 없는 서울의 공간은 정서보다 효율에 더 민감하다. 빠름이 미덕인 이 도시에서 벽은 조금만 갈라지거나 벗겨져도 새로 칠해야 하고, 바닥은 늘 반짝여야 하며, 오래된 것은 가능한 한 빨리 교체되어야 한다. 그럴 때 공간은 시간이 축적되는 곳이라기보다, 속도를 반영하는 표면이 된다. 그 결과, 시간에 대한 신뢰의 증거가 될 수도 있었던 낡음은 지연의 상징이 되고, 감정의 층위를 이룰 수 있었던 요소들은 기능의 결핍으로

격하된다. 기억보다는 트렌드에 반응하는 문화적 선호가 있어서인지, 서울에서 낡음은 종종 뒤처짐으로 간주된다. 그래서 서울에서는 낡은 것들이 사라질 때가 잦다. 그리하여 공간은 감정을 축적하는 그릇이 아니라, 끊임없이 최적화되는 인터페이스가 된다. 그렇게 서울의 낡음은 종종 미학이 되지 못한 채 기능의 그림자처럼 우리를 그저 스쳐지나간다.

서울에서 레너베이션 프로젝트를 진행하다보면 늘 스스로에게 묻게 된다. '이건 너무 헐었는데 교체해야 하지 않을까?' 하지만 정말 좋은 레너베이션은 모든 걸 바꾸지 않되 어떤 걸 살리면서, 이를 통해 공간이 가지고 있던 고유한 결을 다시 설명할 수 있어야 한다. 오래된 구조를 그대로 살리고 낡은 물건을 그대로 두는 건, 기억을 잘 간직하고 유지하는 일이다. 그건 디자인이라기보다 차라리 존중이다. 낡은 걸 포기하지 않으며 대신 그것들을 공간의 일부로 들여 존재를 용인하는 것. 낡음이 쌓인다는 것은 공간이 그 안의 사람들과 상호작용하며 시간을 통과했다는 증거다. 그 사실을 존중하는 순간 디자인은 감정의 그릇이 되고, 공간은 기억의 아카이브가 된다.

때때로 나는 재개발되지 않은 서울의 골목을 찾아다닌다. 그곳의 허름한 철제 대문이나, 다방 안쪽의 오래된 나무 문에서 조용히 흐르는 시간의 레이어를 느끼고 싶어서. 그 낡음은 작고도 낮게 읊조리는 듯하다. 나는 지워지지 않고, 여기에 머물고 있다고.

그곳에 위로가 있다

런던 펍에서 읽는
사교의 심리학

런던의 퇴근 시간은 펍에서 시작된다. 저녁 여섯시가 되면, 다 같이 약속이라도 한듯 정장 군단이 몰려든다. 회사 건물 주변에 위치한 펍 바깥에는 이미 수십 명의 인파가 맥주잔을 들고 서 있다. 테이블에 앉지 못한 사람들은 그대로 인도 위에서, 누군가는 차도 가장자리까지 흘러나와 맥주를 마신다. 런던에서도 맥주는 인간관계의 윤활유다. 퇴근 후 맥주 한잔은 도시에 스며든 작은 의식이자, 하루의 긴장을 푸는 가장 쉬운 방법이다. 한국의 직장인들이 퇴근 후 술 한잔을 걸치듯, 런던의 직장인들은 펍에서 술잔을 기울인다. 런던의 맥주 문화는 수평적이고 자유롭다. 상사와 함께 가더라도, 친구처럼 농담을 던지고 웃으며 가벼이 술을 주고받을 수 있다. '딱 한 잔만 하고 가자'라는 말이 진짜로 딱 한 잔일 때도 많다.

펍에 들어서면, 각자의 자리에서 맥주를 마시는 사람들의 여유로운 표정이 제일 먼저 눈에 들어온다. 어떤 테이블은 축구 경기를 보며 환호하고, 어떤 테이블은 두 사람이 진지하게 속이야기를 나눈다. 혼자 와서 책을 읽거나 노트북으로 가욋일을 하는 사람도 있다. 런던의 맥주 문화는 맥주를 마시는 문화라기보다는, 맥주를 매개로 하루의 무게를 잠시 내려놓는 문화다. 그 가벼워짐이야말로 런던이라는 도시가 보여주는 가장 영국적인 태도일지 모른다.

런던의 펍은 사교의 공간이다. 당연히 이는 밝음 위에서 이루어지지 않는다. 펍의 어둠은 사람들을 은근하게 숨겨준다. 지나치게 드러나지 않아도 되는 편안함, 시선이 닿지 않아도 존재감을 느낄 수 있는 밀도. 그래서 펍에서의 대화는 낮은 목소리로도 충분하다. 어둠이 사람들 사이의 경계를 흐릿하게 만들어주기 때문이다. 조도가 낮을 때, 사람들의 심리적 거리는 오히려 가까워진다. 런던 펍에서 빛은 개개인을 비추는 조명이라기보다, 집단의 온기를 유지하는 불빛이다.

런던 사람들에게 펍은 단순한 술집이 아니다. 집과 회사 사이, 혹은 개인과 집단 사이에 존재하는 제3의 공간. 하루를 끝내기 전 들러 술 한잔을 들이키며 긴장을 날리는 소중한 공간이자, 친구를 만나 수다를 떨고, 때로는 혼자 앉아 조용히 책을 읽거나 축구 경기를 보는 곳. 일상 속 작은 사교 플랫폼. 누구나 편하게 드나들 수 있는 '동네의 거실'. 펍은 그런 곳이다. 그래서 런던의 펍 문화에는 과장된 흥청거림도, 무겁고 장중한 격식도 없다.

야성의 공간 '램 앤드 플래그'와 꽃의 향연 '처칠 암스'

그중 가장 클래식한 곳으로 알려진 곳이 있으니, 코번트 가든Covent Garden■의 좁은 골목 안쪽, 붉은 벽돌과 검은 창틀로 된 작은 펍—1600년대에 문을 연 램 앤드 플래그Lamb & Flag다. 오래된 벽돌에 세월이 스며들어 있는 이곳에 들어서면 낮은 조도와 어두운 목재를 쓴 인테리어가 손님을 감싸안는다. 램 앤드 플래그의 별명은 한때 '블러드 버킷Blood Bucket'(피의 양동이)이었다. 주말이면 선술집 내부에서 권투 시합이 열렸고, 바닥은 늘 피에 젖어 있었기 때문이다. 이곳에 앉아 있노라면 사회 현실을 세밀하게 그려낸 소설가 찰스 디킨스가 즐겨 찾던 펍이기도 했다는 말이 이해가 된다.『올리버 트위스트』같은 그의 소설 속 비루하고도 인간적인 풍경은 아마도 이곳의 스모키한 공기와 땀냄새, 그리고 사람들의 꾸밈없는 웃음 속에서 태어났을 것 같다. 이런 런던 펍의 태도는 멀끔함보다 야성을, 세련됨보다 겸허함을 기조로 삼는다. 벽에 기대어 맥주를 홀짝이는 사람들 사이로, 인간이 가진 불완전함을 있는 그대로 껴안는 공간의 공기가 감돈다.

런던 펍의 외관은 대개 어둡고 묵직하다. 벽돌색 그대로이거나 검은 목재 프레임으로 무게감을 더한 색조. 램 앤드 플래그가 그러하듯 벽돌과 목재, 작은 창문과 오래된 간판이 전부인 조용하고 겸허한 얼굴. 이런 전형에 반기라도 던지듯 건물 전체가 총천연색 꽃으로 뒤덮인 작은 성채 같은 펍도 있다. 처칠 암스Churchill Arms다. 해마다 수천 파운드가 꽃 장식에 쓰인다고 하는 이곳은 초여름이면 온갖 색의 제라늄과 베고니아가 건물 벽을 타고 흐드러진다. 그런데 이 화려함은 허세나 과시가 아닌 영국적 유머와 기품으로 받아들여진다. 실내로 들어서면, 영국 펍 특유의 좁고 낮은 천장 구조가 주는 친밀함은 그대로이나, 벽면은 완전히 다른 이야기로 가득하다. 처칠의 초상화, 사진, 기사, 기념품, 그리고 전쟁 당시의 슬로건 들이 벽을 빽빽이 채우고 있다.

과거 수도원의 채소밭이었던 이곳은 이후 영국 최대의 청과물 시장이 되었다가, 1970년대 시장 기능이 템스강 이남으로 이전하면서 쇼핑, 문화, 엔터테인먼트의 중심지로 변모했다.

평범한 술집이라기보다, 작은 역사박물관 같은 느낌. 그럼에도 이 공간이 무겁거나 경직되어 보이지 않는 이유는, 이곳만의 독특한 배치 때문이다. 펍 한쪽은 영국식 바 공간으로, 또다른 한쪽은 태국 음식점으로 나뉘어 있다. 어두운 목재 바와 반짝이는 황동 탭 뒤로, 매콤한 커리와 상큼한 고수 향이 가득한 주방이 이어진다. 그 경계는 명확하게 구분되지 않는다. 테이블 하나에는 에일과 피시 앤드 칩스가, 옆 테이블에는 치킨 팟타이와 라거가 놓인다. 영국과 태국, 과거와 현재, 무거움과 가벼움이 뒤섞인 이 공간은 '경계 없는 정체성이야말로 런던 펍의 진짜 태도'라고 말하는 듯하다. 바깥의 꽃, 안쪽의 역사, 그리고 식탁 위의 태국. 처칠 암스는 펍이라는 단어만으로는 설명되지 않는, 정체성의 충돌과 화해가 만들어낸 지극히 런던스러운 공간이다.

런던의 펍들은 저마다 다른 어둠과 다른 온기를 품고 있다. 하지만 어떤 펍이든 공통으로 존재하는 것이 있다. 바로, 맥주잔 옆에 놓인 음식들이 만들어내는 또다른 공간의 태도다. 영국식 펍에서 음식은 단순히 배를 채우는 메뉴가 아니다. 나무로 된 테이블, 낮은 조도의 조명, 그리고 바삭한 튀김 소리—그 모든 것이 하나의 디자인처럼 엮여 있다. 그러니 이 음식들로 펍이라는 공간의 풍경을 하나씩 들여다보아도 좋을 것이다.

영국 펍 하면 대표적으로 떠오르는 메뉴는 피시 앤드 칩스다. 피시 앤드 칩스가 나오면 가장 먼저 느껴지는 것은 묵직함이다. 커다란 접시 위에 담긴 황금빛 생선 튀김과 감자 칩이 테이블 위를 떡하니 차지한다. 피시 앤드 칩스는 단순한 음식이지만, 그 심플함 속엔 노동계급의 애환이 담겨 있다. 산업혁명이 한창이던 19세기, 피시 앤드 칩스는 값싸고 간편하면서도 배를 든든히 채울 수 있는 음식으로 사랑받았다. 그렇게 가장 대중적인 메뉴가 된 피시 앤드 칩스는 술 한잔과 함께 지친 일상을 달랠 때 모두가 찾는 메뉴로 자리잡았다. 펍은 어둡고, 벽은 낡았고, 테이블은 기울어져 있어도, 그 위에 놓인 피시 앤드 칩스의 바삭함만은 세상의 시끄러움을 잠시 잊게 해준다. 바삭함이 주는 일상의 작은 위로랄까.

내가 펍에 가서 가장 즐겨 먹던 음식은 스카치 에그였다. 육식파인 내게 달걀을 삶아 다진 고기로 감싸고 빵가루를 입혀 튀긴 스카치 에그는 정말 매력적인 메뉴다. 짭짤한 다진 고기 속에 감춰진 달걀 노른자의 부드러움……. 스카치 에그는 '감춤의 음식'이다. 달걀을 감추듯 고기로 감싸고, 이를 다시 빵가루로 덮어 튀겨낸 이중적인 음식. 영국 사람들은 이 단순한 음식으로 고기의 진한 풍미, 달걀의 담백함, 빵가루의 투박함이 만들어내는 절묘한 균형을 구현했다. 드러내지 않기, 감싸 안기, 그렇게 감추고 감춘 것들을 한꺼번에 입안 가득 베어 물었을 때에야 알게 되는 진정한 맛. 스카치 에그는 펍의 공간적 태도와 닮아 있다.

한편 모두가 오매불망 기다리는 런던의 일요일 낮, 펍을 가득 메우는 냄새가 있다. 구운 소고기, 양고기, 혹은 닭고기의 녹진한 향, 노릇하게 구운 감자, 거기에 그레이비소스를 올린 요크셔 푸딩까지, 축제를 닮은 선데이 로스트는 단순한 점심 메뉴가 아니다. 선데이 로스트를 먹는다는 것은 일종의 행사다. 일요일이 되면 펍은 가족과 친구들이 한 주의 무게를 씻어내는 공동체의 공간으로 바뀐다. 사람들과 옹기종기 모여 연회 분위기에서 먹는 이 음식은 한 주 동안 쌓인 피로감을 싹 날려주는 한편 쓸쓸함까지도 깨끗이 녹여준다. 영국 사람들에게 선데이 로스트를 나눠 먹는 일은 사람과 사람 사이의 온기를 되찾는 의식과도 같다.

펍은 위로의 공간이다. 낮은 조도와 오래된 목재, 그리고 음식 냄새로 사람들을 조용히 감싸는 곳—펍은 '공간을 무엇으로 채우느냐'보다 '어떻게 위로하느냐'에 답함으로써 명맥을 유지한다. 그곳에 가면 사람들은 조금 더 풀어지고, 조금 더 솔직해진다. 따뜻한 조명, 무게감을 덜어낸 벽과 바닥, 친근감을 더하는 테이블, 생소하지 않은 시선들이 모여 분위기를 만드는 곳. 그리하여 사람들은 하루의 무게를 내려놓고 다시 새 하루를 살아갈 힘을 얻는다. 어둠 속에서 서로의 숨결과 마음만은 오히려 더 선명해지는 곳. 런던의 펍은 일상의 무게를 가라앉히고 그 위로 위로의 연기를 피워내는, 작지만 깊은 위안의 공간이다.

버티는 공간

런던의 느림이
만들어낸 태도

런던에는 이상한 느림이 있다. 서울이나 뉴욕처럼 빠르고 효율적인 움직임으로 가득한 도시에서 바쁜 하루하루를 보내다 런던에 가면, 그곳의 느릿한 속도감이 답답하게 느껴질 때도 있다. 하지만 그 답답함 속에서 그저 머무르다보면, 묘하게도 공간이 더 단단하게 느껴진다. 서울과 뉴욕이 시대에 발맞춰 빠르게 변화하는 것을 미덕으로 삼는다면, 런던은 변함없이 버티는 것을 미덕으로 삼는다. 오래된 방식을 바꾸지 않고, 불편함을 개선하지도 않으며, 심지어 낡음마저 지켜내겠다는 듯이. 그 느림과 고집, 버티는 힘이야말로 런던을 런던답게 만드는 것 같다. 공간은 단순히 자리를 차지하고 있는 게 아니라 그 자리에서 무언가를 버티어냄으로써 존재의 태도를 드러낸다.

버티는 공간 —벌링턴 아케이드

런던의 버티는 공간 중 하나, 메이페어Mayfair의 벌링턴 아케이드Burlington Arcade. 1819년, 벌링턴 백작은 자신의 저택 옆으로 난 어두운 뒷골목을 없애, 이곳에 신사 숙녀 들이 비에 젖지 않고 우아하게 쇼핑을 즐길 수 있는 거리를 조성하고자 했다. 그렇게 당대 세계에서 가장 긴 쇼핑가인 벌링턴 아케이드가 탄생했다. 이곳은 유난스럽게도 생겨난 지 200년이 지난 지금까지 같은 구조와 규율을 고수하고 있다.

특이한 점이 하나 있다면 이곳 아케이드 안에서는 달리기가 금지되어 있다는 것이다. 전통 제복을 입은 경비원 '비들Bea-dle'이 아케이드 내부에서 순찰을 돈다. 이들은 영국 왕실이 임명한 경찰로, 달리는 사람을 멈춰 세우고 떠드는 사람에게 주의를 준다. 이 규율을 단순한 관습으로 보아선 곤란하다. 빠르고 효율적인 움직임이 미덕인 현대 도시에서, 벌링턴 아케이드는 그렇게 속도와 효율에 저항하는 공간의 태도를 규정중인 것이다. '여기서는 서두를 필요가 없습니다. 시간을 버티는 법을 배우세요.' 비들의 감시를 받으며 아케이드를 거니노라면 그런 메세지를 받는다.

아케이드에 들어서면, 좁고 긴 회랑을 따라 일흔두 개의 작은 상점이 늘어서 있다. 오랜 전통을 자랑하는 보석상, 시계상, 향수 가게 들은 두 세기가 지나도록 배치도 품목도 크게 바꾸지 않았다. 이곳 상점들은 번쩍이는 첨단을 내세우기보다, 세월을 견뎌낸 물건들을 앞세워 느린 공간의 품위를 만들어낸다. 작은 불빛들이 시간 속에서 명멸하며 흐르는 세월을 그저 버티고 있는 것이다.

새로움도 결국은 지나간다 —리버티 런던

그 고집스러운 '버티기'의 전통은 리버티 런던Liberty London으로 이어진다. 옥스퍼드 스트리트와 리전트 스트리트가 만나 사람들로 북적이는 화려한 쇼핑 거리 한복판, 빛나는 유리 파사드와 매끈한 매장 들이 늘어선 풍경 속에서 마치 시대착오의 상징물처럼 홀로 서 있는 건물이 바로 리버티 런던이다.

오크 목재로 만들어진 튜더 리바이벌 양식Tudor Revival style▪의 이 건물은 1920년대에 세워졌지만, 중세의 공기가 그대로 보존된 듯한 분위기를 풍긴다. 런던 중심가의 현대적인 상업지구와는 전혀 어울리지 않는 외관. 그러나 그 부조화가 오히려 공간의 존재감을 더 강하게 각인시킨다. 리버티 런던은 새로운 디자인 트렌드에 맞춰 외관을 유리로 바꾸거나, 간판을 현대적으로 리디자인하지 않은 채, 100년 전의 격조를 그대로 유지하면서 오히려 그 고집을 브랜드의 정체성으로 삼았다. 바닥을 밟을 때마다 삐걱거리는 소리가 나고, 낮게 드리워진 목재 트러스truss▪▪ 천장이 머리 위를 누른다. 여러 차례 레너베이션을 거치는 와중에도 이 삐걱거리는 바닥과 낮은 천장은 결코 제거되지 않았다.

매장 안을 가득 채운 최신 패션 브랜드와 향수, 패브릭 제품 들마저도 이 공간에 들어오면 묘하게 오래된 물건처럼 보인다. 계절이 바뀌고, 새로운 상품이 들어오고, 진열이 달라져도 공간의 결은 변하지 않는다. 같은 나무, 같은 구조, 같은 방식을 고수하며 버티어온 시간. 그것이 이곳만의 태도를 만들어내는 핵심이다. 이곳에서는 새로움도 결국은 지나간다. 남

▪ 19세기 후반부터 20세기 초반에 유럽과 미국에서 유행한 건축양식으로, 영국 튜더 왕조 시대(1485~1603)의 전통적 건축양식을 현대적으로 재해석했다.

▪▪ 직선으로 된 여러 개의 뼈대 재료를 삼각형이나 오각형으로 얽어 짜서 지붕이나 교량 따위의 도리로 쓰는 구조물.

는 건 결국 자기 결을 지켜내는 고집. 공간은 그렇게 시간을 품는다.

변하지 않는 얼굴 ―포트넘 앤드 메이슨

리버티 런던의 고집스러운 시간이 끝나면, 다시 피카딜리 쪽으로 발걸음을 옮기게 된다. 화려한 플래그십스토어들이 늘어선 거리 끝에, 또하나의 버티는 공간이 서 있다. 바로 포트넘 앤드 메이슨Fortnum & Mason. 빅토리아풍 석조 건물들과 현대적인 매장들 사이에서 홀로 다른 시대에서 온 듯이 서 있는 이 6층 건물은, 1738년 문을 연 이래 300년 가까운 시간 동안 같은 자리에서, 같은 얼굴로 자리를 지켜왔다.

포트넘 앤드 메이슨은 화려하지 않지만 단번에 시선을 잡는다. 붉은 벽돌과 흰 스톤 몰딩으로 이루어진 조지언 리바이벌 양식Georgian Revival Style■의 외관, 균형 잡힌 세로 창, 민트그린 캐노피, 그리고 정면 시계탑에서 종을 울리며 인사하는 두 개의 작은 자동인형―포트넘과 메이슨. 1956년 처음 설치된 이 인형은 포트넘 앤드 메이슨의 공동 창업자인 윌리엄 포트넘William Fortnum과 휴 메이슨Hugh Mason을 기리기 위해 만들어졌다. 인형은 매 시각 작은 종소리와 함께 모습을 드러내 느린 동작으로 인사를 건네며 이 공간의 기원을 사람들에게 상기시킨다.

내부로 들어서면, 이 공간 역시 바뀌지 않음을 미덕으로 삼고 있다는 것을 깨닫게 된다. 시대별 레너베이션을 거치긴 했지만, 그 기본 배치와 클래식한 공간 구성은 거의 변하지 않았다. 특히 메인 계단과 샹들

■ 18세기 영국 조지 왕조 시기의 고전주의 건축양식을 되살린 스타일로, 1800년대 후반부터 1900년대 중반까지 영국과 미국에서 유행했다.

61

리에, 마호가니 목재 진열장, 초록빛 카펫과 골드 디테일은 오픈 초기부터 자리를 지켜온 이곳의 상징적인 요소들이다. 이것들 때문에 동선이 조금 불편하더라도, 사람들은 그 불편함마저 포트넘 앤드 메이슨의 고집으로 받아들인다. 메인 계단을 오를 때마다 마호가니 난간이 손에 닿고, 진열징 속 은식기와 티포트는 빛을 잃지 않은 채 자리를 지키고 있다. 동선은 효율적이지 않지만, 그래서 사람들은 오히려 더 오래 이 공간에 머무른다. 그런 곳에 있다보면 알게 된다. 바뀌지 않는 것이야말로, 가장 사치스러운 존재 방식이라는 걸.

런던의 공간은 닳아 사라지는 것이 아니라, 닳아가면서 더 깊어진다. 새것이 아닌 것, 반짝임이 사라진 것, 효율이 떨어지는 것들을 끝까지 간수해내고야 마는 이 도시의 고집. 그 고집이 공간을 공간답게 만든다. 여기서 중요한 것은 무엇을 파느냐가 아니라, 어떻게 존재하느냐다. 런던의 공간은 새것이 되려고 하지 않는다. 낡은 채로, 오래된 채로, 때로는 불편한 채로 그저 자리를 지킬 뿐. 그것이 이 도시의 고집이고, 고집이 만들어낸 느림의 미학이다. 나는 이 도시의 고집을 사랑한다.

버티는 공간들은 빠르게 소비되지 않는다. 대신, 버티는 힘으로 자기만의 태도를 완성한다. 빠르게 완성된 아름다움은 금방 질린다. 하지만 버티는 공간, 오래도록 일관된 태도를 유지해온 공간은 사람을 끌어들이는 자기만의 매력으로 매일 다시 우리를 불러들인다. 리버티 런던도, 벌링턴 아케이드도, 언뜻 보기에는 낡고 불편해 보인다. 게다가 좁고, 비효율적이며, 직관적이지도 않다. 하지만 사람들은 그 불편함 때문에라도, 그곳에 더 오래 머무르며 공간이 진정 어떤 시간을 버텨왔는지를 천천히 알아간다. 방문객의 몸과 마음은 공간의 결에 오래도록 스며들기를 요구받는다. 런던의 절제된 사치는 이런 데서 나온다. 가장 비싼 것, 가장 반짝이는 것을 드러내는 게 아니라, 가장 오래된 것을 남김으로써. 덕분에 공간은 시간 속에서 무너지지 않는다.

FULLERS
THE CHURCHILL ARMS
THE CHURCHILL ARMS

LIBERTY

BURLINGTON ARCADE

FOND

AMOUR

PART 2

구조가 만드는 품격

THE
ELEGANCE
OF STRUCTURE

앨리스의
'이상한 나라'

흥미롭고 진지한 환상의 공간

어릴 적, 디즈니 애니메이션 「이상한 나라의 앨리스」는 나에게 커다란 시각적 충격을 안겼다. 토끼를 따라 굴 속으로 몸을 던진 순간부터, 나는 화면에서 눈을 뗄 수 없었다. 좁고 어두운 터널을 지나 뒤틀린 문들과 길게 늘어진 움직이는 복도를 마주하며, 시선은 끝없이 왜곡되었다. 굴 깊숙이 들어서자 빛과 그림자가 엇갈린 공간 속에서 알 수 없는 소리와 색채가 뒤엉켰고, 마침내 미친 모자 장수의 테이블 위에서 혼란스러운 티 파티가 시작되자 각기 다른 크기의 찻잔과 접시, 불규칙하게 늘어난 의자와 테이블, 엇갈린 소품 들이 마구 뒤섞였다. 이 '이상한 나라'는 질서라는 개념을 완전히 무너뜨린 초현실적 공간의 전형을 내게 보여주었다. 그 낯설고 기묘한 세계는 어쩐지 나를 끝없이 매혹했다. 그 세계는 불완전했지만 자유로웠고, 모순적이었지만 창의적이었다. 공간이 사람에게 어떤 감정을 불러일으킬 수 있는지를, 나는 아마 그 장면들에서 처음 배웠는지도 모른다. 공간이 단순히 벽과 바닥의 조합이 아니라는 것. 그것은 완전히 다른 질서를 만들어내고 감각의 전환을 추동하는 장치로서, 현실의 틈 사이에 존재하는 또다른 리듬이었다.

나는 그 만화 속 공간에서 디자인이 아닌 태도를 배웠다. 정리되지 않은 상태조차 하나의 의도가 될 수 있고, 유치하다는 것이 반드시 미성숙을 의미하지는 않으며, 공간은 사람의 상상력을 자극할 때 가장 깊은 인상을 남긴다는 사실을. 그래서 나는 지금도 너무 정제돼 있고, 너무 예측 가능한 공간에 있다보면 종종 지루함을 느낀다. 그럴 때마다 나는 오직 아이의 눈으로만 완성할 수 있는 기묘하고 엉뚱한 공간을 갈망하게 된다. 상상력은 아이에게 자연스러운 것이지만, 어른에게는 의지와 용기가 필요한 일이 되곤 한다. 그런 공간에 들어서면 나는 다시 호기심을 되찾고, 공간과 나 사이에 새로운 감각의 회로가 연결되는 것을 느낀다.

장난기와 위엄의 공존—헨리에타 호텔

런던은 내가 다녀본 곳 중에서 가장 장난기 많고 모순적인 언어를 가진 도시였다. 차가운 회색 건물과 고전적 틀 속에서도 끊임없이 유머와 실험을 시도하는 도시.

나는 어느 날 런던 웨스트엔드에 자리한 코번트 가든의 한 귀퉁이에서 헨리에타 호텔Henrietta Hotel을 마주했다. 마치 토끼 굴처럼 꽃과 식물로 뒤덮인 입구를 지나며, 오랜만에 앨리스의 이상한 나라 속으로 다시 빨려 들어가는 듯한 기분을 느꼈다. 한 사람의 정체성이 도시의 결에서도 비롯된다고 한다면, 나는 이 도시에 도착했을 때의 나와, 헨리에타 호텔을 나올 때의 내가 조금

71

달라졌다고 말하고 싶다.

헨리에타 호텔은 상상력과 창조성에 대한 내 갈망을 정확히 충족시켜주는 공간이었다. 외관부터 꽃으로 뒤덮여 마치 숨겨진 정원이나 비밀 상점을 연상케 하는 이곳. 호텔 입구로 들어가 좁고 어두운 복도를 지나 리셉션에 도착하면, 앨리스가 지나갔던 혼란스러운 복도의 실체를 마주한 듯한 기분이 든다. 빨간 벽지와 구식 키 보관 벽, 손잡이 없는 객실 문을 여는 옛날식 금속 열쇠—모든 요소가 이 공간에 과거의 기억을 덧씌운다. 공간의 설계는 나를 과거로 데려가면서도, 동시에 내가 앞으로 나아갈 수 있는 무대를 마련해주는 기이한 경험을 선사했다.

각기 다른 콘셉트로 꾸며진 열여덟 개의 방은 하나하나가 제각각 실험적이었다. 침대 헤드보드는 만화의 한 장면처럼 과장된 곡선과 거울 메달리온으로 장식되어 있다. 그 형태에서 나는 고전적인 미감과 유치한 상상이 충돌하는 리듬을 읽었다. 욕실로 이어지는 프렌치 도어와 그 위에 쓰인 'BATH'라는 손 글씨는 유쾌한 장난처럼 느껴진다. 호텔 전체에 흐르는 곡선의 리듬은 공간을 부드럽고 유연하게 만들면서도 기하학적 질서를 잃지 않는다. 마치 규칙 없이 춤을 추는 것 같지만, 신통하게도 정확한 스텝을 밟고 있는 무용수처럼.

이 모든 장식과 색감, 형태가 유치하지 않다는 점이 흥미롭다. 공간은 오히려 유치한 상상력을 정제된 시선으로 번역해낸 결과인 듯하다. 순진함과 숙련됨을 동시에 보여주는 신묘한 디자인으로 유명한 프랑스 디자이너 도로테 멜리크종Dorothée Meili-chzon은 전통과 모던함, 유희와 품격을 동등하게 다루며, 소재와 시대, 장르를 자유롭게 넘나든다. 헨리에타 호텔은 그가 만든 이상한 나라이자, 어른이 된 아이가 다시 그린 동화의 세계다. 그 방에서 하룻밤을 보낸 나는, 어둡고도 화사한 조명 아래서 디자이너로서 결코 잃지 말아야 할 본능적 기쁨과 직관을 되찾는 느낌을 받았다.

이 호텔이 위치한 코번트 가든도 다층적이고 흥미로운 공간이다. 고전적인 오페라 하우스와 셰익스피어 극장, 거리 공연과 꽃시장이 혼재되어 있는 이 구역은 런던이라는 도시의 유머와 감수성, 자존감을 모두 상징한다. 그 가까이 살던 나는 주로 자전거를 타고 코번트 가든에 들어섰는데, 초입에 자리한 식물로 뒤덮인 리걸 하우스Legal House 건물을 볼 때면, 마치 토끼 굴로 들어가 다른 차원, 환상의 세계로 빨려 들어가는 듯한 기분을 느꼈다. 헨리에타 호텔은 코번트 가든의 장소성과 너무도 마침맞게 어우러지며 공간 내부의 태도를 도시의 성격과 자연스럽게 연결한다.

분홍빛 장난의 미학—스케치 런던

스케치 런던Sketch London은 훨씬 더 직접적이고 대담한 방식으로 환상의 세계를 구현한다. 핑크색 텍스타일로 감싸인 의자들, 그 둘레를 가득 채운 수백 개의 그림 프레임, 미래적이면서도 유머러스한 캡슐형 달걀 화장실—모든 것이 비일상과 유희를 향한 선언처럼 느껴진다. 이곳은 마치 '미친 모자 장수의 티 파티'가 현대적으로 재해석된 공간처럼 느껴진다. 가끔은 유치하게 보일 수 있는 요소들도, 정확히 계산된 과장과 반복 속에서 조형적으로 완성된다.

스케치는 기능적 논리를 따르지 않는다. 오히려 그 역행 속에서 미적 에너지를 발산한다. 공간은 절제가 아닌 과잉을 선택하고, 조화보다 충돌을 즐긴다. 그럼에도 혼란스럽지 않은 이유는 명확하다. 공간의 태도가 명확해서다. 스케치는 이렇게 선언하는 듯하다. '나를 기준으로 세상을 재편해도 괜찮다.' 이러한 정체성을 공간 전체에 일관되게 구현하기 위해, 재료 선택과 조명 설계, 동선 배치까지 과잉과 과장을 전략적으로 활용했다.

이곳에서는 누구나 주인공이 된다. 과장이 허용되고, 환상이 중심이 되며, 상상이 진지하게 받아들여진다. 단순히 특별해 보이기 위한 디자인이 아니라, 감각적 과잉을 통해 방문자의 상상력을 최대치로 끌어올리고, 의식하지 못하는 사이 오감을 깨우며 공간이 사용자와 직접 소통하는 방식의 좋은 사례다.

공간은 상상력을 품을 때 비로소 살아 숨 쉰다.

런던은 독특한 유머 감각과 풍자적 국민성을 밑바탕에 깔고 있다. 「이상한 나라의 앨리스」 속 체셔 캣을 떠올려보라. 자기를 과소평가하는 발언으로 아이러니한 농담을 던지며, 진지함을 가볍게 비트는 그들은 늘 절제된 예의 안에 묘한 장난기를 숨기고 있다.

우리는 어른이 되어서도 가끔 동심의 세계를 꿈꾼다. 너무 무겁거나 점잔 빼는 디자인에 지쳐갈 때면, 어린 시절의 유치한 환상으로 돌아가고 싶은 마음이 든다. 런던의 공간들은 현대적 요소와 빈티지한 터치를 혼합해, 세련되면서도 세대를 초월한 친밀감을 만들어낸다. 장난기 있는 컬러 팔레트, 유머러스한 구조, 복고적 감성을 지닌 오브제들이 공간 곳곳에 숨겨져 있다.

헨리에타 호텔은 그런 감정을 정교하게 구현한 공간이다. 조금은 유치해 보일 수 있는 디자인, 어울리지 않을 것 같은 요소들의 조합이 오히려 새로운 정서를 만들어내며, 장난기를 이끌어내고 재미를 유발한다. 레트로한 터치와 색상은 공간을 개성과 스타일로 가득 채운다. 너무 무겁지도, 너무 가볍지도 않은—진지함과 유머가 절묘하게 균형을 이룬 곳. 이런 곳은 우리를 안심시키는 동시에, 어린아이로 돌려놓는다.

디자이너로서 공간을 다룰 때 나는 형태보다 감정, 구조보다 흐름, 장식보다 존재감을 먼저 떠올린다. 위트 있고 따뜻한 디자인이란 결국 사람을 환영하는 태도에서 나온다. 실용성과 정서, 기능과 감정 사이의 균형을 보여주는 공간은 우리에게 새로운 상상력을 선물한다. 그 공간에 들어서는 순간, 우리는 다시 유치한 마음으로 돌아가도 좋다는 허락을 받는다. 이는 곧 잃어버린 감정의 회복이다. 공간은 그렇게 우리에게 가장 순수하고 부드러운 감정을 되돌려준다. 우리는 이 구조 안에서 다시 우리 자신을 설계한다.

공간은 기능을 넘어 존재의 방식을 정의한다. 그 안에서 우리는 때로 앨리스가 되고, 때로 모자 장수가 되며, 때로는 말없이 조용히 고개를 끄덕이는 손님이 된다. 공간은 우리를 비추는 거울이자, 우리가 되고 싶어했던 사람이 되어보는 경험을 제공하는 무대다. '이상한 나라'에 간 앨리스가 그랬듯 우리도 공간을 통해 잠시 다른 내가 되어볼 수 있다면, 그것만으로도 충분히 근사한 환상이라 할 수 있지 않을까.

자립이라는 태도

벽에 붙지 않는 가구들

뉴욕에 처음 이사갔을 때, 나는 미드타운 이스트에 위치한 작은 스튜디오 아파트에서 살았다. 방은 크지 않았지만 부엌과 화장실이 콤팩트하게 배치된, 완벽한 효율의 단칸방. 회사에서 세 블록 떨어진 이 공간은 사회생활 1년 차였던 내게 안성맞춤인 집이었다. 비록 1층의 레스토랑 때문에 겨울에는 추위를 피해 올라온 작은 쥐와의 동침(?)을 피할 수 없었지만, 세계의 중심 뉴욕에 발을 디뎠다는 사실만으로도 벅차올랐던 내게는 감지덕지였다.

이사 첫날, 한국에서처럼 침대는 벽 모서리에, 책상은 창가에, 급하게 산 이케아 서랍장은 벽을 따라 일렬로 세웠다. 그래야 내 손바닥만 한 방이 조금이라도 더 넓어 보일 거라 생각했기 때문이다. 그렇게 한동안을 살았다. 그러다 디자이너로서 뉴욕의 주거 공간 설계를 지속적으로 경험하면서 배치가 주는 감각이 조금씩 달리 보이기 시작했다. 소파는 벽과 멀찍이 떨어져 있고, 테이블과 의자는 공간 한가운데 떡하니 자리잡고 있는 공간들. 침대조차 벽을 등지지 않고, 마치 하나의 오브제처럼 러그 위에 놓여 있었다. 처음엔 비효율적이라고 느껴졌던 이 배치가, 어느 순간부터 점점 자유로움으로 다가왔다. 뉴욕의 집들에선 벽이 중심이 아니었다. 중심은 가구가 놓이는 방식, 그 사이를 흐르는 공기, 동선의 유연함에 있었다. 물론 그런 배치를 가능하게 하는 건 드넓은 오픈 플랜 구조—높은 천장, 기둥만으로 지탱되는 시원한 평면, 잘게 나누지 않은 바닥 구획—였지만 말이다.

맨해튼 남서쪽, 트라이베카에 있던 패션 디자이너의 아틀리에를 방문했던 날, 나는 그 감각을 더욱 뚜렷이 체감했다. 들어가자마자 눈에 띈 건 천고가 5미터에 달하는 공간 중앙에 덩그러니 놓인 커다란 작업 테이블 하나. 그를 둘러싼 벽면은 사방으로 완전히 비워져 있었다. 대신 테이블 위에는 모델링 도구와 종이, 커피잔이 어지럽게 놓여 있었는데, 내 눈에는 그조차 계획된 배치처럼 보였다. 모든 가구가 공깃돌 떠 있듯 바닥에 나뒹굴고 있는 게 특이하게 느껴져 집 주인에게 가구를 왜 이렇게 배치했느냐고 물었다. 그는 말했다. "가구는 보여주기 위해 있는 거야. 왜 껌딱지처럼 벽에 붙여놓는지 모르겠어." 내게는 그 말이 '가구는 벽에 의존하지 않는다'는 선언처럼 들렸다. 약간 어색한 듯 보이고, 조금 비워진 듯하더라도 그 느낌을 감수하는 여유. 공간을 완전히 채우기보다는 흐름을 존중하는 태도. 벽에서 떨어진 가구 주변으로 흐르는 시선, 그 흐름이 만들어내는 리듬은 이 아틀리에 공간에 묘한 자유를 부여하는 듯 보였다.

같이 일하던 건축가 친구가 살던 브루클린 북부 윌리엄스버그의 로프트 아파트도 마찬가지였다. 입구에 들어서자 가장 먼저 시선을 사로잡은 건, 고서적과 앤티크 스틸 프레임 테이블이었다. 그 뒤로 놓인 소파와 라운지 체어는 모두 벽에서 떨어진 채, 각각이 마치 하나의 조형물처럼 공간을 차지하고 있었다. 일반적인 규칙에서 벗어난 배치였지만, 오히려 그 자유로움이 공간에 고유한 질서를 만들어냈다. 중심은 벽이 아닌 가구 그 자체, 그리고 가구를 둘러싼 여백에 있었다.

가구뿐 아니라 조명을 배치할 때에도 뉴요커들의 자유로운 성향은 이어진다. 조명 오브제 하나하나를 독립적인 쇼케이스처럼 드러내는 접근법에서 이는 더욱 노골적으로 나타난다. 뉴욕의 공간에서 대부분의 조명은 천장에 빌트인되어 있지 않다. 천장에서 내려오는 펜던트 조명이 가끔 보이긴 하지만, 주로 플로어 램프가 공간을 채운다. 내가 뉴욕에 와서 느낀 것은, 공간이란 벽으로 완성되는 게 아니라는 것이었다. 이곳에선 자유로운 배치와 유동적인 구조야말로 공간을 살아 있게 만드는 요소였다. 숨통이 트이고 여백이 생겨야, 그 여백 속에서 오히려 존재감이 더욱 선명해졌다.

물론 이런 배치에는 전제가 따른다. 충분히 넓으면서, 벽에 의존하지 않아도 되는 구조일 것. 트라이베카의 개조된 창고나 오래된 로프트처럼, 애초에 공간이 벽을 필요로 하지 않도록 설계된 구조여야 벽에 의존하지 않는 자유로운 배치가 가능하다.

하지만 일단 그런 공간에 놓인다면, 가구는 비로소 자립을 하게 된다. 벽이 등을 기댈 수 있는 구조로 존재하는 게 아니기에, 스스로 중심을 가져야 하는 것이다. 이런 구조에서는 가구의 수도 줄어들 수밖에 없다. 벽에 기대지 않는 이상, 모든 가구는 더욱 신중하게 배치되어야 하며, 각자의 존재감을 스스로 책임져야 하니까. 그렇게 여백이 더 늘어남에도, 공간은 오히려 더 단단해진다. 나는 이 독립적인 구조 안에서 여백은 방치가 아니라는 걸 배웠다. 여백은 태도다. 무엇을 놓고 무엇을 비우느냐의 선택, 그 선택이 공간의 리듬과 감정을 만들어낸다는 걸 깨달을 때 여백을 자유로서 향유할 수 있다.

여백은 단순히 비워진 자리가 아니라, 각 사물의 존재를 더욱 선명하게 드러내는 다이내믹이다. 중심을 가진다는 것은 스스로 서야 한다는 뜻이다. 중심이 있는 사물은 공간이라는 구조 속에서 자기만의 목소리를 낸다. 뉴욕에서 수많은 프로젝트에 참여하며 이런저런 가구를 배치하는 동안 내가 배운 것은 단순히 공간을 구성하는 기술이 아니었다. 나는 살면서 불필요한 것을 붙잡고, 기댈 벽을 찾을 때가 많았다. 그런 내가 가구들을 자립시키며 얻은 것은 붙잡고 있던 것을 놓고, 기대고 있던 데서 떨어져나올 '용기'였다. 용기를 내어보니 삶에 여백이 생기고 자유로워졌다. 어디에도 기댈 수 없는 자리에서 나 자신이 되어 중심을 잡고 서는 것—그것이야말로 자립이라는 태도다.

뉴욕에서 사는 시간이 길어지면서 나는 가구를 배치할 때 벽을 기준으로 삼지 않게 되었다. 소파를 벽에서 떼어내자 거실은 훨씬 더 넓어 보였고, 테이블을 벽에서 떼어내자 그 위에서 이뤄지는 작업들이 더 중심에 있게 되었다. 벽도 더이상 가구의 등받이로 머물지 않고 스스로 멋진 배경이 되어 자리를 지켰다. 가구가 벽에서 떨어져 자유로워질 때, 그때 비로소 가구의 온전한 형태와 의미가 드러나기 시작한다. 그러한 자립의 구조들이 모여 공간 전체에 묘한 개성과 자신감을 불어넣는다. 틀에서 벗어난 유동적이고 유기적인 배치는 사람이 세상을 대하는 태도까지 바꿔놓는다. 내가 그랬던 것처럼.

흐트러지듯 자유롭게 배치된 가구들이 놓인 뉴욕의 공간은 말한다. 정해진 자리를 벗어난 자유로움은 방치가 아닌 선택이라고. 이것이 자립의 미학이라고. 벽에 기대지 않고 스스로 선 가구들은 당당히 보여준다. 이 공간의 태도는 자유로움임을. 그리고 각각의 자유에는 스스로에 대한 책임이 따름을.

구조가
미니멀을 만든다

진짜로 필요한
단 하나를 남기는 기술

어느 날 소호의 좁은 거리를 걷다 문득 멈춰 섰다. 그린 스트리트의 갤러리 유리벽 너머로 펼쳐진 풍경이 눈을 사로잡은 까닭이다. 콘크리트 벽에는 거친 기포가 그대로 남아 있었고, 철제 기둥에는 용접 자국이 검게 눌어붙어 있었다. 천장 배관도 숨겨지지 않은 채 뼈대를 드러내고 있고, 바닥에는 오래된 듯한 균열이 여기저기서 보였다. 하지만 이상하게도 그 거친 노출이 공간을 더욱 한결같고 단단하게 보이게 했다.

우리가 흔히 미니멀리즘이라 부르는 공간 디자인은 모든 것을 감추고 덮어낸 결과물이다. 배관도, 구조도, 결함도 보이지 않게 덧칠한 뒤의 단정한 공백 상태. 그러나 이 갤러리의 미니멀리즘은 달랐다. 이곳에서 미니멀리즘은 제거가 아닌 노출의 전략이었다. 공간이 제 몸통과 뼈대를 숨김없이 드러내 보이는 순간, 그곳이 지닌 질감과 힘이 빛나기 시작했다.

갤러리 밖으로 나오자 차가운 회색빛 소호 거리가 다시 눈

앞에 펼쳐졌다. 주변을 둘러보니 더 로The Row의 플래그십스토어도, 데보시온Devoción 카페도, 곧 방문할 예정인 뉴 뮤지엄New Museum도 모두 같은 태도를 품고 있었다. 뉴욕이라는 도시는 숨기기보다 드러냄으로써 미니멀리즘을 완성하는 곳이라는 듯이.

더 로의 소호 플래그십스토어 공간은 미니멀리즘의 절정을 보여준다. 하지만 그 미니멀은 무색무취한 공허함이 아니다. 대리석, 오크, 리넨, 콘크리트 같은 재료 본연의 결이 공간을 가득 채우는 까닭이다. 벽은 흰색이지만 완벽히 매끄럽지 않고, 바닥의 콘크리트는 살짝 갈라져 있으며, 철제 기둥의 조인트와 용접 흔적도 그대로 드러나 있다. 이 공간의 럭셔리는 숨기지 않는 데서 온다. 숨기지 않을 배짱이 있고, 드러내도 된다는 자부심이 있다는 것. 더 로의 컬렉션 역시 그렇다. 화려한 장식 대신 구조적 재단과 최적의 소재로 완성된 옷. 이곳에서는 공간과 제품, 태도 모두 '드러냄'을 통해 본질을 증명한다.

카페 데보시온의 인테리어도 마찬가지다. 브루클린의 옛 창고를 개조한 이 공간은 벽돌 벽과 철제 기둥, 노출된 배관을 그대로 살렸지만, 이는 방치된 낡음이라기보다 치밀하게 연출된 노출로 다가온다. 공간 한쪽에는 커다란 유리 천창이 뚫려 있고, 그 아래 놓인 화분과 목재 테이블, 빈티지 소파 들이 거친 구조를 부드럽게 중화한다. 이곳의 미니멀리즘은 차갑고 금욕적인 것이 아니라, 노출된 구조와 자연 소재가 어우러진 따뜻한 생동감 그 자체다.

뉴욕 소호의 로프트 거리에 들어섰을 때 가장 먼저 눈에 띈 것은 벽돌 벽과 철제 기둥, 드러난 배관과 소방 계단이었다. 서울에서 흔히 보듯 매끈하게 마감된 건물들에 익숙했던 내게 이 거친 표면들은 마치 공사중인 상태처럼 애매하고 어색하게 느껴졌다. 그러나 그것이야말로 이 도시가 선택한 '노출의 전략'임을 지금은 안다.

나는 소호의 샤넬 레너베이션 현장에서 콘크리트 벽과 철제 구조물을 그대로 살려 마감하는 과정을 지켜본 적이 있다. 거기서도 미니멀리즘은 단순히 덜어내는 기술이 아니었다. 다른 곳도 아닌 샤넬 스토어 레너베이션조차 소호에서는 접근 방식이 달랐다. 기존 설계 방식처럼 비싼 마감재로 벽을 감추고 기둥을 가리며 배관을 숨기는 대신, 이곳에서는 있는 그대로를 드러내는 전략을 택했다. 숨기지 않을 때 오히려 더 많은 것을 감출 수 있다는 역설. 그렇게 구조를 드러내자 장식이 필요 없어졌다. 소호의 로프트 구조 자체가 이미 완결된 장식이었기에 가능한 일이었다.

뉴욕의 로프트 아파트에서 '드러냄'의 미니멀리즘이 가능했던 이유 역시 그 투박함에 있었다. 한때 공장이고 창고였던 넓은 오픈 플랜 공간. 콘크리트와 철골, 벽돌의 표면과 거기 남은 흔적들은 오히려 삶의 증거가 되어 공간과 완벽하게 어우러졌다. 디자이너는 구조를 숨기지 않는 대신, 불필요한 것은 과감히 배제했다. 오직 공간의 본질과 재료 본연의 존재감만 남겨둔 채.

뉴욕의 미니멀리즘은 단순한 제거의 미학과 방향부터 달랐다. 무엇을 덮을지 고민하기보다, 무엇을 드러낼지 선택하는 것. 숨김없이 노출된 구조물은 역설적으로 더 많은 것을 감추어주었고, 덮지 않았기에 거짓이 없었으며, 거짓이 없기에 그 자체로 완전했다.

"Even a brick wants to be something." 루이스 칸■은 그렇게 말했다. 벽돌 하나조차—그저 벽을 이루는 재료가 아니라—어떤 존재가 되고 싶어

■
Louis Kahn, 1901~1974. 20세기 미국 건축가로, 건축의 본질과 공간의 의미를 탐구하며 현대건축에 깊은 영향을 끼쳤다. 재료의 질감과 구조를 솔직하게 드러내는 디자인 철학을 추구한 '빛과 침묵의 건축가'로 유명하다.

한다고.

　　뉴욕의 벽돌들도 그랬다. 드러난 철제 기둥, 콘크리트 벽, 매끈하지 않은 파이프라인. 모두가 저마다의 표정을 가진 채, 드러남으로써 오히려 더 많은 것을 숨기고 있었다. 묵묵히 쌓여 있지만, 아무 말 없이도 그 자리에 서 있는 이유를 증명하며. 보여주기 위해 덜어내는 것이 아니라, 드러낼 수 있기에 다른 불필요한 것을 지우는 것. 제거가 아닌 노출의 기술로서 뉴욕의 미니멀리즘은 벽돌 하나로 모든 것을 이야기하고 있었다. 벽돌 하나조차, 어떤 존재가 되고 싶어한다면, 그 존재감을 숨기지 말고 보여줄 것. 구조가 스스로 말할 수 있도록 자리를 내어줄 것. 그것이야말로 뉴욕이 미니멀을 구현하는 방식이다.

휘트니 뮤지엄과 뉴 뮤지엄

　　휘트니 뮤지엄 오브 아메리칸 아트Whitney Museum of American Art는 렌조 피아노**가 설계한 미트패킹 디스트릭트의 랜드마크다. 강철과 유리, 콘크리트가 공존하는 이 미술관은, 외부에서 보면 마치 산업용 컨베이어벨트를 연상시키는 철재 구조가 벽면을 따라 드러나 있다. 내부 전시 공간으로 들어서면 콘크리트 벽과 기둥 들이 무심하게 보이지만, 그 무심함이야말로 렌조 피아노 특유의 절제된 미학이다. 여기서 콘크리트는 구조이자 미의 재료다. 덮어 숨기지 않고, 화려하게 장식하지도 않으며, 그 자체로 공간의 무게감을 잡아주는 재료. 휘트니 뮤지엄의 노출 콘크리트는 뉴욕 다운타운의 인더스트리얼 헤

**Renzo Piano, 1937~ . 파리의 퐁피두 센터, 뉴욕의 뉴욕타임스 빌딩 등을 설계한 이탈리아 출신의 세계적인 건축가. 기능성과 미학의 균형을 중시하며, 자연광과 재료 본연의 감각을 탁월하게 살렸다는 평가를 받는다.

리티지와 현대미술의 미니멀리즘을 이어주는 다리와도 같다.

뉴 뮤지엄은 바워리 스트리트의 상징이다. 사나SANAA■가 설계한 이 건물은, 바둑판처럼 쌓인 메탈 메시 박스로 이루어져 있다. 외부에서 보면 알루미늄 메시의 가벼운 반짝임 때문에 부유하는 것처럼 보이지만, 안으로 들어가면 콘크리트 코어 구조가 공간을 단단히 붙들고 있다. 전시실 내부의 콘크리트 벽과 슬래브(판)는 사나의 미니멀한 디자인 언어와 만나 기계적이면서도 시적인 감각을 선사한다. 노출 콘크리트는 이곳에서도 장식이 아닌 구조 그 자체로 존재한다. 벽을 타고 올라가는 균열, 기포 자국, 거친 표면 질감은 이 백색 공간 안에서 오히려 더 강렬하게 빛난다.

공간의 본질만 남기다 — 글라스 하우스와 디아비컨

뉴욕과 그 주변에는 노출과 미니멀리즘의 본질을 극단적으로 드러내는 공간들이 있다. 필립 존슨■■이 코네티컷에 지은 글라스 하우스Glass House도 그중 하나로, 완전히 투명한 유리 벽과 콘크리트 슬래브 플로어만으로 이루어진 극단적인 미니멀 공간이다. '보이지 않는 벽, 드러나는 구조, 절제의 극한.' 공간이 사라지고 구조만 남았을 때, 사람은 오히려 공간의 본질을 가장 직접적으로 마주하게 된다는 걸, 글라스 하우스 공간은 보여준다.

■ **Sejima and Nishizawa and Associates**, 일본의 건축가 그룹으로 가즈요 세지마와 류에 니시자와가 1995년 결성했다. 투명하고 가벼우면서도 절제된 미니멀리즘을 바탕으로 한 건축으로 2010년 프리츠커상을 수상했다.

■■ **Philip Johnson**, 1906~2005. 미국의 저명한 건축가이자 건축 비평가로, 기능주의와 미니멀리즘을 기반으로 한 세련된 디자인을 선보였고, 포스트모더니즘 건축에도 영향을 미쳤다.

디아비컨Dia:Beacon은 허드슨강 근교에 위치한 오래된 산업용 공장을 레너베이션한 현대미술관이다. 노출된 콘크리트 플로어, 벽돌 벽, 스틸 프레임 구조가 그대로 살아 있는 이 공간은 대규모 미니멀 아트 전시에 최적화되어 있다. 노출된 구조와 빛만으로도 압도적인 존재감을 발산하며, 관람객은 미술작품을 감상하는 동시에 공간 자체가 하나의 미니멀리즘 작품임을 체감한다.

뉴욕의 미니멀리즘은 유럽의 그것과 다르다. 유럽의 미니멀은 완벽히 정제된 표면, 수공예적 디테일, 절제된 컬러 팔레트에서 나온다. 반면, 뉴욕의 미니멀은 인더스트리얼이다. 공장과 창고의 구조를 숨기지 않고, 오히려 그것을 가장 강력한 장식 요소로 삼는다. 한편 이 도시의 미니멀리즘은 효율 추구와 예산 절감의 결과이기도 하다. 공장을 갤러리로, 창고를 카페로, 낡은 오피스를 플래그십스토어로 바꾸는 과정에서 철거보다 노출이 비용을 절감할 방편이었고, 그렇게 드러난 있는 그대로의 구조가 어느새 뉴욕식 미니멀의 미학이 된 것이다.

하지만 이는 말했듯이, 단순한 방치가 아니다. 갤러리의 철제 기둥은 고광택 니스나 검은 래커로 마감되지 않고, 철 본연의 질감이 드러나도록 사포로 정성껏 다듬어졌다. 콘크리트 벽 역시 방수와 방진 처리를 거쳐 먼지와 곰팡이를 차단한 다음, 기포 자국과 시공 흔적은 그대로 남겼다. 이것이 바로 노출의 기술이다. 모든 노출은 감추기 위한 전략 아래 완성된다. 지저분함을 제거하고 본질만 남겨 '의도된 날것'을 보여주는 것이다. 불필요한 것을 덜어낸 자리에 구조 자체의 아름다움만 남기는 것. 콘크리트의 기공, 철제 기둥의 용접선, 배관의 곡선, 벽돌 벽의 거친 표면—이 모든 것이 그저 흠결로만 여겨져 감춰졌다면, 공간은 공허하고 평면적이었을 것이다.

본질을 숨기지 않을 때, 공간은 비로소 고유한 태도를 지니게 된다. 그리고 그 태도가 사람을 머무르게 한다. 노출된 배관과 기둥, 거친 콘크리트 벽이 있는 카페에 앉아 있으면, 의식이 공간의 표면을 넘어서 그 뼈대에까지 닿는다. 공간은 비로소 그저 예쁜 배경이 아닌, 몸으로 느껴지는 실체가 된다.

가려진 아름다움은 안도감을 주지만, 드러난 아름다움은 긴장과 몰입을 만든다. 뉴욕의 미니멀은 그 긴장을 택한다. 미니멀리즘이 곧 공허함이라는 오해는, 사실 '덮어 감추는 미니멀'에서 비롯되었다. 드러내는 미니멀은 다르다. 구조의 힘, 재료의 무게, 공간의 역사까지 모두 보이기 때문에, 비어 보이는 공간에서도 서사를 읽어내게 된다. 이야기의 진정성에 이끌린 사람들은 거칠고 단단한 이 공간에 오래 머문다. 요컨대 미니멀은 아무것도 없음을 보여주는 요령이 아니라, 진짜로 필요한 단 하나를 남기는 기술이다.

뉴욕의 미니멀 공간은 말한다. '나는 나를 숨기지 않는다. 그래서 나는 사라지지 않는다.'

야망은
동선으로 완성된다

목표지향적 공간이 바꾸는
감정의 속도

세상의 야망가들이 모인 뉴욕, 그곳에서 매일 생존 경쟁을 벌이는 뉴요커들은 늘 바쁘다. 그들은 끊임없이 무언가를 향해 나아가고 있다. 집중과 속도가 이곳의 문법이다. 과제를 하나씩 깨나가는 도전의 연쇄 속에서 사람은 공간을 머무르는 곳으로 인식하기보다 오히려 통과하는 곳으로 여기게 된다. 그들의 움직임은 언제나 직선에 가깝다. 목적을 중심에 두고 사고하는 이들의 공간은, 바로 그런 사고방식을 뒷받침하는 무대로 설계된다. 모든 것이 앞을 향해 전진 배치된 이 도시에서, 나는 문득 생각에 잠긴다. '이 도시의 공간은 어떻게 야망의 궤적을 설계하고 있을까?' 질문은 자연스레 내 시선을 동선으로 이끈다. 그러자 뉴욕에서는 동선이 곧 야망을 대변한다는 사실이 눈에 들어왔다.

내가 오랜 시간 출퇴근했던 건축 회사 솜SOM▪은 맨해튼 중심부, 월 스트

Skidmore, Owings & Merrill, 미국 시카고에 본사를 둔 건축 설계 및 엔지니어링 회사. 세계 곳곳에 사무소가 있다.

리트를 가로지르는 곳에 위치해 있었다. 월 스트리트는 뉴욕이라는 도시의 본능이라 할 수 있는 야망이 가장 압축적으로 구현된 장소다. 속도와 판단, 위계와 경쟁이 동시에 작동하는 곳. 그 거리 위를 걷는 사람들의 시선은 언제나 정면을 향하며, 공간은 방향보다 결정에 더욱 민감하게 반응한다. 그런 맥락 속에 자리한 솜 오피스는 이 도시의 성격에 걸맞은 긴장감과 구조적 명료함에 기반해 설계되었다. 출입문을 열면 곧바로 회의실과 타운홀 공간이 눈에 들어오고, 그 너머 창가를 따라 공동 테이블과 책상들이 일렬로 배치되어 있다. 일직선으로 뻗은 동선은 불필요한 굴절을 철저히 방지한다. 곡선 대신 직선, 여유 대신 속도. 이 공간의 동선은 건축적 언어로 재현된 뉴욕식 사고방식 그 자체다. 건물의 흐름은 단순히 공간 효율을 도모하는 차원을 넘어 의사결정의 리듬을 만들어낸다.

이런 점에서 솜 오피스는 월 스트리트의 장소성과 이곳을 지배하는 야망을 건축적으로 구현한 대표적인 공간이라 할 수 있다. 바둑판처럼 줄 맞춰 놓인 책상들은 거침없는 속도감으로 공간 전체를 지배한다. 여기에는 '머무름'이라는 개념이 없다. 모든 것이 직선으로 흐르고, 움직이며, 닿아 있다. 좌우로 넓어지기보다 앞뒤로 쭉 뻗는 동선은 마치 한 줄로 길게 이어진 미팅 캘린더 같다. 회의실 문이 닫히는 순간조차 다음에 뭘 할지가 명확하게 유도되는 이곳에선 공간의 구조 자체가 조직의 목표이자 의도다.

대도시의 사고방식—뉴욕의 거리 구획

이러한 태도는 뉴욕의 거리 구조에도 자연스럽게 투영되어 있다. 이곳의 도로망은 좌우로 뻗는 스트리트Street와 앞뒤로 나아가는 애비뉴Avenue로 구성된다. 스트리트가 동서로 펼쳐진 가로 길이라면, 애비뉴는 남북으로 뻗은 세로 길인 셈. 바둑판처럼 전진만을 고집하는 이 '선'들은 뉴욕이라는 대도시의 사고방식을 상징한다. 애비뉴는 똑바로 직진하는 에너지의 선이며, 수평보다 수직, 평면보다 입체, 유영보다 돌진을 의미한다. 흥미로운 것은, 실제 도시를 휘감은 에너지 또한 이 애비뉴를 따라 흐른다는 점이다. 주요 오피스 타워, 금융기관, 미술관, 기업 사옥 들이 모두 애비뉴 라인을 따라 배치된 것은 결코 우연이 아니다. 뉴욕의 핵심 다이내믹은 '수직적 전진'이며, 그 흐름은 도시의 골격인 동선에 이미 각인되어 있다. 공간이 생각을 유도하는 방식, 그 설계된 직진성은 뉴욕이라는 도시의 야망을 시각화한다. 이 도시는 '방향'이 아닌 '진입'을 강조한다.

이처럼 뉴욕의 많은 공간은 공통적으로 앞으로 나아가는 구조로 이루어져 있다. 출입구에서 프런트 데스크를 지나 회의실, 탕비실, 라운지 공간으로 이어지는 일직선의 흐름. 코워킹 스페이스인 소호웍스Soho Works에서도 이러한 동선이 뚜렷이 읽힌다. 느슨한 라운지, 집중 공간, 회의실, 탕비실이 연속적으로 배열되어 있는 이곳은 슬라이딩 도어나 투명 유리로 구획되어 있으면서도 흐름이 끊기지 않는다. 중요한 건 공간의 형태가 아니라, 그 형태가 만들어내는 생각의 흐름이다. 이곳에서는 '일한다'는 태도가 자연스럽게 몸에 밴다. 무언가를 기다리지 않고, 즉각 연결되며, 끊임없이 앞으로 나아가게 된다. 동선이 흐름을 설계해둔 방식대로.

실제 뉴욕의 거리들은 이 야망의 동선을 도식적으로 보여준다. 가장 대표적인 예는 파크 애비뉴Park Avenue다. 그랜드 센트럴 스테이션Grand Central Station과 메트라이프 빌딩MetLife Building을 중심으로 뻗은 이 축선軸線, axis은 뉴욕의 산업, 금융, 정치 중심부가 직선 위에 나열된 구조다. 심지어 그랜드 센트럴 스테이션의 중앙 통로를 빠져나오면 자연스럽게 메트라이프를 통과하도록 설계되어 있고, 그 너머의 거리들도 아나나다까 곧게 뻗어 있다. 건물은 흐름을 가로막지 않고, 오히려 '통과하게' 만든다. 공간이 마치 하나의 전진 에너지처럼 기능하는 것이다.

수직과 수평의 교차

센트럴파크Central Park 남단의 피프티세븐스 스트리트에 위치한 밀리어네어스 로Millionaires' Row는 이 야망의 동선을 수직으로 변주한다. 맨해튼에서 극소수의 슈퍼 리치들이 거주하는 초고가 주거지대를 일컫는 밀리어네어스 로에는 세계에서 가장 비싼 초고층 주거 타워들이 밀집해 있다. 대부분의 건물은 '슈퍼 톨 앤드 슬렌더super tall & slender', 즉 매우 높고 얇은 형태로 지어졌는데, 이는 센트럴파크 조망권을 확보하기 위한 경쟁에서 비롯된 결과다. 432 파크 애비뉴, 스타인웨이 타워Steinway Tower 같은 초고층 빌딩들이 늘어선 이 거리는 '야망의 수직적 전개'를 상징한다. 이곳의 동선은 수평이 아니라 '상향'이다. 고급 레지던스의 로비에서 프라이빗 엘리베이터를 타고 수십 층 위로 올라가는 경험은, 단순히 높은 공간으로 이동하는 것이 아니라 마치 야망에 탑승하는 것처럼 느껴진다.

이 슬림 타워들이 강조하는 선이 수직 라인이라면, 하이라인High Line은 그와는 전혀 다른 방식인 수평 라인으로 야망을 추동한다. 과거 고가 화물열차 선로였던 이 공간은 길게 뻗은 직선 산책로로 재탄생했다. 남쪽의 갠즈보트 스트리트, 휘트니 뮤지엄

근처에서 시작해 북쪽의 허드슨 야즈Hudson Yards, 서티포스 스트리트까지 이어지는 약 3킬로미터의 직선형 공원에는 시민들의 감정이 깃들어 있다. 이 공간은 도시의 과거와 미래를 한 방향으로 흐르게 만드는 감정적 축선이다. 하이라인의 출발점은 예술과 문화가 스며든 미트패킹 디스트릭트의 정서적 밀도에서 시작되고, 종착점은 초고층 빌딩과 상업적 야망이 응축된 허드슨 야즈의 스카이라인으로 마무리된다. 하이라인은 도시의 리듬을 '수평으로 걷게' 만드는 장소다. 이 선형 공간은 뉴욕의 '직진하는' 리듬의 속도를 늦추면서 도시를 감각하게 만드는 드문 경험을 선사한다.

이렇듯 감성적인 하이라인이지만, 그렇다고 뉴욕다운 전진성을 잃은 건 아니다. 회전도 회피도 없이 오직 앞으로 나아가는 그 길 위에서, 사람들은 걷고 생각하고 이야기하며, 때로 쉬어간다. 전형적인 뉴욕의 동선을 감정적으로 재해석한 전범이라 할 수 있는 하이라인은 질주 속에서도 감정의 머무름을 허락하는 '정서적 직선'이다.

목적을 향한 구조―감정을 밀어내는 리듬

이런 질주는 외부에서뿐 아니라 내부에서도 드러난다. 뉴욕의 공간은 종종 의도적으로 계단을 선택한다. 기능적으로 더 효율적인 에스컬레이터 대신, 직접 발을 딛게 만드는 계단은 결정과 움직임을 촉진하는 물리적 장치가 된다. '올라간다'는 행위는 수직 이동에 그치지 않고, 심리적 전진을 동반한다. 기다림 없이 곧바로 걸음을 내디딜 수 있는 계단은, 마치 작은 의지 테스트처럼 우리를 행동하게 만든다. 뉴욕에서 계단은 공간의 효율보다 삶의 태도에 관여하는 구조물이라 할 수 있다. 뉴욕의 동선은 '무엇을 할 것인가'보다 '어떻게 빨리 할 것인가'에 초점이 맞춰져 있다. 그래서 문, 벽, 복도, 테이블의 배치가 모두 하나의 흐름을 이룬다. 예컨대 작은 브런치 카페에 가도 테이블은 언제나 창가를 따라 길게 줄지어 있고, 주방은 입구 옆에, 화장실은 매장 안쪽에 일렬로 숨어 있다. 동선은 명확하고, 목적지는 분명하다. 공간은 결코 방황하지 않는다. 그런 구조 안에 있으면 사람들은 자연스럽게 유도된 동선을 따르게 된다.

그렇다면 동선이 빠를수록 감정은 얇아질까? 공간이 설계하는 리듬이 감정의 밀도까지 지배한다는 사실은 종종 간과된다. 흐름이 너무 빠르면 감탄이나 망설임이 자리할 틈이 없고, 공간은 체험의 장소가 되기보다 통과 지점에 그치게 된다. 뉴욕식 동선은 명확하고 효율적이지만, 그만큼 감정을 압축한다. 목적지를 향해 곧게 치닫는 길 위에서, 감정은 조각나고, 사유는 내달린다. 그렇게 우리는 어느새 '느끼는 사람'이 아닌 '이동하는 사람'이 되어간다.

나는 종종 뉴욕의 공간이 불친절하다고 느꼈다. 숨 고를 틈도 없고, 에둘러 갈 여유 공간도 드문 곳. 그러나 그 불친절함은 어느 순간 명료함으로 다가왔다. 모든 것이 분명히 목적을 향해 배치되어 있다는 확신. 이 도시는 사람들에게 묻는다. '당신은 어디로 가고 싶은가?' 대답이 떨어지기 무섭게 동선은 답한다. '그렇다면 이쪽으로.'

야망은 추상적 감정이 아니라, 구조 속에 숨겨진 방향 감각이다. 뉴욕의 공간은 그 감각을 설계한다. 앞으로 나아가도록 유도하는 동선, 흐름을 재촉하는 가구의 배열, 목적지를 향해 전진하도록 압박하는 리듬까지—이 모든 요소는 우리의 감정에 속도를 부여한다. 이곳에서는 길을 잃을 틈이 거의 없다. 길을 잃는다는 감각마저 구조 속에서 미리 배제된다. 공간은 질문보다 먼저 방향을 제시하고, 선택보다 먼저 결론을 향해 사람을 밀어낸다.

그래서 이 도시의 공간은 종종 우리를 피로하게 만들지만, 한편으로 그만큼 확고한 의지를 추동하기도 한다. 그 피로감과 야망 사이에서 우리는 스스로에게 묻는다. '지금 나아가는 이 방향은, 정말 내가 원하는 목표를 향하고 있는가?'

높은 천장이야말로
진정한 '사치'다

사람은 작아지게,
생각은 커지게

뉴욕이라는 도시는 언제나 위로 열린다. 고층 빌딩이 솟아오르고, 엘리베이터가 사람의 삶을 위아래로 분절하고, 옥상이 새로운 사교 공간이 되는 이 도시에서 '높이'란 단순한 스펙이 아니다. 그것은 하나의 태도를 보여준다. 이 도시가 진정으로 고급스러워지는 순간은 건축물의 외면이 높이 솟아오르는 때가 아니라, 내부 공간의 천장이 위로 열릴 때다.

천장은 구조물의 끝이 아니라, 감정의 출발점이다. 높은 천장은 개방감이나 웅장함을 과시하기 위한 것이 아니다. 천장이 높다는 것은 공간이 사용자를 바라보는 시선이 수평에서 수직으로 전환된다는 의미다. 그리고 그 수직적 구조는 사람을 작아지게 만든다. 작아짐은 굴욕이 아니라, 오히려 침묵과 내면화, 집중을 유도하는 하나의 구조적 장치다.

천장이 높다는 건, 공간이 말하는 속도가 느려진다는 뜻이기도 하다. 소리는 반사되지 않고 퍼지며, 눈은 더 멀리 위를 보게 되고, 마음은 자연스레 아래를 향한다. 건축이 인간을 조율할 수 있다면, 가장 섬세하게 그것을 해내는 방식 중 하나가 바로 '높이'를 설계하는 것이다. 높은 천장은 사람의 감정을 눌러 진정시킨다. 천장이 높은 곳에 가면 우리는 스스로 낮아지고, 동작도 느려지며, 자연히 말수도 줄어든다. 높이란 물리적 거리이면서 정서적 리듬이기도 한 것이다.

뉴욕이라는 도시의 몇몇 공간은 이 점에서 건축의 본질을 다시금 되새기게 한다. 넓이를 넘어 높이로 공간의 품격을 말하는 곳들. 천장이 높은 공간에서 사람은 자신이 작은 존재임을 깨닫는다. 이 경험은 규모를 확인하는 차원이 아니라, 정신적 위계가 형성되는 차원으로 다가온다. 높은 천장을 보면 나는 이 공간이 나보다 훨씬 더 오래도록 존재할 것임을 직감한다. 그래서 저절로 겸손해지고 순수해지는 동시에, 감각은 한층 더 또렷해진다.

우아함과 여유, 품격을 품은 공간

이러한 감정의 구조를 가장 우아하게 구현한 공간 중 하나가 바로 소호의 레스토랑 르 쿠쿠Le Coucou다. 건물 외관은 고풍스럽지만, 내부에 들어서면 시선을 압도하는 높은 천장이 있다. 클래식한 석고 몰딩과 매트한 금속 조명, 깊은 커튼과 미묘한 브론즈 톤의 장식은 고급스러우면서도 과하게 느껴지지 않는다. 여기서 진짜 주인공은 천장이다. 이 공간에선 조명이 아닌 높이가 위엄을 결정한다. 사람이 자동으로 중심이 되지도 않는다. 이곳에서의 식사는 소비 행위라기보다, 공간에 대한 순응이다. 높은 천장은 그 자체로 질서가 되고, 사용자에게 암묵적으로 침묵과 경건함을 요구한다.

이와 같은 수직적 감각의 확장은 뉴욕 공공도서관New York Public Library에서도 확인된다. 도서관의 천장은 하나의 정서적 구획이자 사유의 틀로서 기능한다. 로즈메인 리딩룸Rose Main Reading Room에 들어서면 가장 먼저 시선을 압도하는 것은 벽면 가득한 책장이 아니라, 그 위를 덮고 있는 천장의 깊이와 위엄이다. 장식적인 몰딩과 목재 천장은 시간의 층위를 말해주며, 책상에 앉은 사람을 모두 한 단위로 축소시킨다. 그렇게 사람은 작아지지만 생각은 커진다. 이 위계는 강요된 것이 아니라, 공간이 자연스럽게 유도한 것이다.

수직적 감각의 연장은 노이에하우스 매디슨NeueHouse Madison에서도 다른 방식으로 구현된다. 현대적인 공동 작업 공간이지만, 이곳은 결코 밀집되지 않는다. 천장이 높고, 조명은 천장과 천장 사이 깊숙이 매립되어 있으며, 내부 마감재는 천연 소재로 구성되어 있다. 공간은 위로 열려 있지만, 천장이 높다는 것이 단순히 시원한 느낌이나 개방감만을 뜻하는 건 아니다. 그런 곳에서 사람은 자연스럽게 말의 톤을 낮추고, 소리를 줄이며, 함께 존재하는 사람들과의 거리를 조절하게 된다. 높은 천장은 '조용한 집중'을 위한 중요한 조건이다.

반대로 천장이 낮은 공간은 전혀 다른 정서적 속도를 유도한다. 머리 위가 낮게 눌린 구조는 시선을 수평으로 고정시키며, 우리로 하여금 공간을 더 촘촘하고 밀도 있게 느끼게 만든다. 목소리는 더 쉽게 반사되어 서로 부딪히고, 사람과 사람 사이의 거리도 실제 물리적 거리보다 훨씬 더 가까워진다. 이 밀도는 때로 친밀함을, 때로는 긴장을 만들어낸다. 천장이 낮은 공간에서는 감정이 빠르게 순환하며, 침묵보다 대화가 먼저 터져나온다. 뉴욕의 일부 바, 갤러리, 그리고 오래된 주택의 다이닝룸은 바로 이런 폐쇄된 수평감 속에서 사회적 에너지의 진폭을 키운다.

이러한 공간적 대비의 정수를 보여주는 또하나의 장소가 바로 모건 라이브러리 앤드 뮤지엄Morgan Library & Museum이다. 은행가 J. P. 모건의 수집에서 시작된 공간이지만, 내부에 들어서면 사적인 기원과는 달리 경건하고 고요한 분위기가 감돈다. 특히 도서관 본관의 천장은 고전주의적 장식과 함께 높게 솟아 있는데, 이 공간감은 책과 인간 사이의 관계를 근본적으로 재설정한다. 독서는 여기서 단순한 정보 수집이 아니라 정신의 고양이다. 낮은 천장 아래서의 독서는 집중이고, 높은 천장 아래서의 독서는 사유다. 뉴욕이라는 도시 한가운데서 이처럼 조용한 고양감을 경험할 수 있는 공간은 흔치 않다.

높은 천장이 주는 인상은 8등신 모델이 걸어들어올 때 느껴지는 오라를 연상시킨다. 실용성과는 무관한 비례의 미학. 굳이 그렇게까지 길 필요는 없지만, 그 길이 덕분에 압도적인 존재감과 우아함이 빛을 발한다. 높은 천장 역시 마찬가지다. 기능적으로는 낮아도 무방하고, 적당히 닫혀 있어도 공간은 잘 작동한다. 그러나 굳이 그 적당한 선 너머까지 활짝 열어놓게 되면, 사람의 태도가 바뀐다. 높은 천장은 기능을 넘어선 비례의 미학으로 공간에 품격을 부여한다.

공공을 위한 사치

그랜드 센트럴 터미널도, 뉴욕 공공도서관도 천고가 그렇게까지 높을 필요는 없었다. 하지만 그렇게까지 높기 때문에 갖추게 되는 품격이 있다. 8등신 모델처럼 누군가에겐 과장되게 보일 수 있지만, 그 비율을 통해 얻어지는 여유와 자신감은 흉내낼 수 있는 종류의 아름다움이 아니다. 천장을 높게 낸다는 것은 결국 '넉넉함'을 짓는 일이다. 여백이 있는 그림이 오래도록 기억에 남 듯, 높이 있는 공간은 깊은 감정을 오래도록 간직한다. 그 여백을 일부러 만들 수 있다는 것, 그것이야말로 진정한 사치가 아닐까.

그랜드 센트럴 터미널은 교통 공간임에도 불구하고, 어떤 고급 호텔 로비보다도 천장이 높다. 이 드높은 천장은 사람을 실 어나르는 기능과는 전혀 무관하다. 시간에 쫓기는 수십만 명의 발걸음 위로 펼쳐진 별자리 천장은, 실용을 넘어선 감정적 설계 의 산물이다. 도시 한복판에서 하늘을 올려다보게 만드는 구조. 그것은 이 공간이 '공공을 위한 사치'를 선택했다는 증거다.

높은 천장은 특별한 기능을 수행하지 않지만, 그 자체로 질 서를 만든다. 모두에게 열린 공간에서 굳이 높은 천장을 설계하 는 것, 다시 말하지만 이것이야말로 진정한 사치다. 비싼 자재나 과장된 장식보다 더 고급스러운 것은 '꼭 필요하지 않지만 그럼 에도 불구하고 존재하는 여백'이다. 뉴욕은 그 높이를 통해 말한 다. '이 도시는 여유를 계산하지 않되, 다만 그 여유를 그대로 쌓 아올린다.'

뉴욕은 과시와 속도의 도시이지만, 그 속에서도 일부 공간 은 높이를 통해 감정을 재설계한다. 높은 천장은 기능이 아닌 태 도다. 그 아래서 인간은 항상 작아지고, 작아짐을 통해 생각은 더 넓게 확장된다. 진정한 사치는 비싼 자재나 화려한 디테일이 아 니라, '나를 작아지게 만드는 공간'에 있다는 것을 뉴욕의 천장은 조용히 증명한다.

럭셔리가 주는 의미

**과시하기보다
울림을 주는 로비 공간**

고층 빌딩 로비는 단순한 출입 공간이 아니다. 특히나 요즘 들어서는 뉴욕의 고급 고층 콘도 로비는 그저 엘리베이터를 타기 위해 지나는 통로가 아니라, 건물이 표방하는 힘과 권위를 가장 먼저 드러내는 무대다. 높은 천장, 차갑고 묵직한 석재 마감, 거대한 미술품, 그리고 단정한 제복을 입고 군인처럼 서 있는 보안 요원. 마치 부담스러울 만큼 잘 꾸며진 연극무대같이 느껴질 정도다.

뉴욕의 로비는 점점 더 호텔화되어가고 있다. 대형 예술작품, 스파, 라운지, 코워킹 스페이스, 카페 바까지—과거에는 호텔 로비에서나 볼 수 있던 어메니티를 이제는 아파트 로비에서도 쉽게 찾을 수 있다. 건설사들은 실제 생활 공간보다 로비에 더 많은 돈을 쏟아붓는다. 사람들이 이 건물에 발을 들여놓는 순간 받는 첫인상을 설계하기 위해서다. 로비는 권위의 구조물로서, 마케팅 공간으로서 건물의 가격을 올리는 가장 빠른 수단이 되었다.

삶과 예술의 경계를 허무는 실험

뉴욕에 살던 시절, 친구의 새 아파트 오픈 하우스에 초대받아 간 적이 있다. 유명 인테리어 디자이너 켈리 비훈Kelly Behun의 손길이 더해진 콘도였는데, 로비에 들어서는 순간, 숨이 멎을 듯한 장엄함이 나를 압도했다. 맨해튼 미드타운 한복판, 현대미술관MoMA 바로 옆에 우뚝 선 53 웨스트 53 53 West 53(모마 타워MoMA Tower). 이 건물은 평범한 초고층 콘도가 아니다. 현대건축의 연금술사 장 누벨의 시그니처 구조 미학과 현대미술관의 정체성이 맞물리며, 이 건물은 삶과 예술의 경계를 허무는 하나의 조형적 실험으로 존재한다. 그리고 그 예술의 정점은, 바로 로비에서 시작된다.

출입구를 지나 로비에 들어서면, 마치 현대미술관의 프라이빗 공간에 발을 들인 듯한 인상을 받는다. 공간은 세 부분—입구 포이어, 메인 로비, 엘리베이터 홀—으로 구획되며, 짙은 색의 오크 패널과 고요한 대리석이 절제된 리듬으로 벽과 바닥을 채운다. 하지만 이 공간의 인상을 단숨에 결정짓는 건 따로 있다. 바로 빌딩의 구조를 그대로 드러낸 디아그리드diagrid■의 기둥들.

디아그리드는 단순한 시각적 장치가 아니다. 건물 외벽을 따라 삼각형 격자로 교차하는 이 대각선 구조는, 바람이나 지진 같은 횡력을 견디는 데 탁월한 공학적 해법이자, 내부 공간을 좀 더 유연하고 넓게 설계할 수 있게 해주는 실용적 장치다. 장 누벨은 이 구조적 언어를 통해 건축의 뼈대를 미학으로 승화시킨다. 보통은 감춰지는 구조를 과감히 드러냄으로써, 기능이 곧 형태가 되고, 형태가 곧 메시지가 되는 건축의 조형적 정직성을 선

■
디아그리드는 **diagonal**과 **grid**의 합성어로, 대각선으로 교차하는 구조적 프레임을 말한다. 이 방식을 쓰면 일반적인 수직 기둥을 썼을 때보다 더 적은 재료로 높은 강성을 확보할 수 있다.

보이는 것이다. 그러므로 예술과 삶을 연결 짓는 일종의 격자로서 디아그리드는 이 공간의 언어 그 자체라고 말할 수 있다. 예술과 삶을 연결 짓는 일종의 격자랄까.

이곳에서 로비는 거주자가 예술의 기류 안으로 들어서는 첫 장면의 배경이 된다. 2층부터 5층까지 이어진 현대미술관의 일부 전시 공간은 이곳이 단순히 주거 공간으로의 연결 통로가 아니라, 예술로 향하는 전술적 경로임을 상기시킨다. 다시 말해, 집으로 들어서는 순간 거주자는 자연스럽게 예술의 기류에 스며들게 된다. 삶과 예술의 경계가 흐려지는 특별한 여정이, 바로 이 로비에서 시작되는 것이다.

이처럼 로비 디자인은 때로 문화적 감도와 조형 언어가 응축된 결정체가 된다. 오크, 석재, 금속 프레임이 조용히 교차하며 만들어내는 무채색의 질감은 이 공간의 절제된 품격을 고스란히 담아낸다. 그러나 그 절제는 차가운 미니멀리즘이 아니라, 감각을 깨우는 따뜻한 고요함에 가깝다.

53 웨스트 53의 로비는 갤러리와 호텔, 레지던스의 경계를 허무는 공간으로 설계되었다. 하지만 그 중심에도 권위는 흐른다. 대형 아트워크와 차갑게 빛나는 대리석 벽, 높은 천장과 투명한 유리 파사드가 어우러진 이곳 로비는 미술관과 주거, 상업 공간이 복합되어 있음에도 불구하고 마치 미술관 입구처럼 느껴진다. 작품이 권위를 부여하는 게 아니라, 오히려 공간이 작품을 권위 있게 만든다.

권위의 퍼포먼스—뉴욕의 고층 빌딩과 한국의 아파트 

맨해튼 미드타운 파크 애비뉴에 위치한 시그램 빌딩Seagram

Building 로비는 미니멀리즘의 정수를 보여준다. 미스 판 데어 로에Mies van der Rohe가 설계한 이 공간은 석재와 브론즈 기둥, 그리고 투명한 유리 벽만으로 깔끔하게 완성되었다. 장식이라 부를 만한 요소는 거의 없지만, 그 비어 있음이 오히려 권위를 더 강렬히 드러낸다. 낮고 길게 배치된 리셉션 데스크, 아무런 장식 없이 위엄 있게 솟아오른 브론즈 기둥, 그리고 바깥 빛을 온전히 받아들이는 유리 벽—이 모든 요소가 로비를 지나는 이에게 무언의 메시지를 보낸다. '당신은 지금, 권력의 공간에 들어섰습니다. 당신이 들어선 이곳은 아무나 들어올 수 있는 곳이 아닙니다.'

로비는 크고 화려하다고 해서 권위 있는 게 아니다. 위엄 있는 로비는 공간의 설계 방식, 재료의 선택, 천장의 높이, 가구의 배치, 보안 데스크의 위치, 그리고 미술품의 스케일까지 모든 요소가 하나의 메시지를 향해 정교하게 조율된 결과다.

한국의 아파트 단지 입구 조형물과 뉴욕의 고층 빌딩 로비는 서로 다른 도시, 서로 다른 문화를 배경으로 하지만, 공간을 통해 권위와 정체성을 시각화한다는 점에서 닮아 있다. 하지만 자세히 들여다보면, 도시라는 무대 위에서 자기 존재를 증명하는 방식에는 차이가 있다. 요컨대 한국은 언어와 경계로, 뉴욕은 분위기와 장엄함으로 존재를 증명한다. 한국의 아파트 입구 조형물은 단지명을 선명히 드러내며 경계를 설정함으로써 사용자에게 '이 안은 내 삶의 공간'이라는 소속감과 안정감을 제공한다. 반면 뉴욕의 로비는 천장 높이와 석재 마감, 대형 아트워크 등을 통해 건물의 자본력과 위용, 브랜드 파워를 퍼포먼스처럼 드러낸다. 전자가 공동체적 프라이버시의 선언이라면, 후자는 개인적 권위의 과시다. 뉴욕 로비가 차갑고 묵직한 석재와 미술품으로 권위를 구축한다면, 한국의 로비는 밝고 깨끗하며 따뜻한 톤으로 환대를 설계한다. 이는 무게보다 청결을, 권위보다 편안함을 우선시하는 감각이다.

　로비는 건물이 품은 철학과 권위, 그리고 도시가 사람들에게 요구하는 태도를 가장 직접적으로 드러내는 공간이다. 뉴욕의 로비는 묻는다. '당신도 이 권위의 일부가 되고 싶은가?' 사람들은 그 권위의 공기를 들이마시며 잠시나마 더 강해지고 당당해진 자신을 느낀다. 그러나 엘리베이터에 올라 문이 열리면, 로비라는 무대는 사라지고 좁고 현실적인 일상의 공간이 모습을 드러낸다. 결국 로비는 권위라는 이름의 연극이 시작되는 무대였다는 걸 사용자는 이내 깨닫는다.

　럭셔리 로비는 언제나 사람들을 감탄하게 만든다. 대리석 벽이 빛나고, 천장을 가득 채운 샹들리에, 수천만 원대 아트워크와 호텔 라운지 같은 가구 배치가 화려함을 완성하는 곳. 하지만 그렇게 완벽하게 다듬어진 공간에서 나는 종종 묘한 불편함을 느낀다. 사람의 움직임과 말투까지 위세를 의식하여 정제되기를 요구하는 듯한 그 공기. 앉아 있어도, 서 있어도, 심지어 대화할 때조차 스스로를 단속하게 만드는 그 분위기. 럭셔리 로비는 겉으로는 환대를 베푸는 듯하지만, 실제로는 긴장감을 조성한다. 공간의 위엄을 해치지 않으려 사람들은 으레 '품위 있는 사람'처럼 행동하게 된다. 무심한 듯 정교하게 배치된 소파와 주변의 차가운 돌과 금속, 그리고 공기를 가로지르는 간접 조명은 정적이고 매끄러운 질서를 만든다. 이 질서는 사람의 마음을 속박하며 보이지 않는 규칙 안에 가둔다.

　사실 정말 좋은 공간이란 사람의 마음을 조용히 들어올려 숨을 고를 수 있게 해주는 곳이 아닐까. 비싼 소재와 화려한 조명, 거대한 아트워크를 아낌없이 썼다 해도, 그 안에서 사람이 자기 자신을 잃는다면 그 공간은 디자인된 감옥과 다르지 않을 것이다.

공간의 태도는 그 안에 들어서는 이의 태도를 결정한다. 진정으로 럭셔리한 공간은 들어오는 이를 위축되게 하지 않고, 오히려 그 사람이 가진 자연스러운 품격과 태도를 더욱 또렷하게 드러내준다.

럭셔리 상업 공간은 종종 이 본질을 잊고는 한다. 브랜드의 역사와 비전, 완벽하게 큐레이션된 감각을 보여주려는 강박이 만들어낸 과도한 공간 연출은 결국 그 공간을 찾는 사람들을 긴장시킨다. 나는 그런 공간에 들어갔다 나오면 이상하게도 더 피로해진다. 마치 누군가의 집에 초대되어 예의를 다해 앉아 있다 돌아오는 길처럼, 잠시도 마음을 놓을 수 없는 자리에 어쩔 수 없이 붙들려 있다 온 것처럼. 사치스러움의 일부가 되기 위해 스스로 위엄을 가장해야 하는 공간에서, 우리는 우리만의 고유한 호흡을 잃는다. 완벽하게 계산된 공간이 반드시 품격을 보장하지도 않는다. 오히려 긴장을 덜어내고, 사람을 중심으로 돌려놓는 순간, 공간은 비로소 고급스러워진다. 공간이 우리에게 조용한 숨결과 울림을 전해줄 때 진정한 럭셔리가 되는 게 아닐까.

공간의 질서가
도시의 품격을 만든다

런던 호텔들의 품위와 규율

누구나 들어올 수 있지만 모두가 어우러질 수는 없는 런던을 이해하려면, 이 도시의 보이지 않는 계급 구조를 먼저 읽어야 한다. 영국은 민주주의국가이지만, 런던의 공기에는 여전히 계급 사회의 냄새가 배어 있다. 거리에서 마주치는 사람들의 옷차림, 말투, 눈빛, 그리고 그들이 드나드는 공간에서조차 그 위계가 감지될 정도랄까.

호텔은 영국 사회의 보이지 않는 위계가 가장 선연히 드러나는 무대다. 영국은 여전히 왕족이 존재하는 국가다. 21세기에 왕이 무슨 의미가 있을까 싶지만, 영국은 군주라는 상징적 존재를 통해 사회질서를 유지한다. 왕족이 존재한다는 것은, 여전히 '품격'이라는 단어가 실체를 갖는 사회라는 뜻이다. 그 품격의 구조물이 바로 런던의 호텔들이다.

당신은 이 품격을 감당할 수 있는 사람입니까?

더 코너트The Connaught는 그중에서도 가장 절제된 방식으로 사람과 공간 사이의 긴장을 설계한 호텔로, 그 중심에서 형성된 품격은 실재하는 것으로서 오롯이 체감된다. 런던 메이페어의 한복판, 정제된 거리 풍경 속에서도 유독 조용하고 단정한 얼굴을 한 이 호텔은 위압적이지 않은 외관이지만 절제된 고요함으로 오히려 방문객의 몸가짐, 마음가짐을 곧추세운다. 문 안으로 들어서는 순간 두툼한 카펫이 푹신하게 밟히고, 고개를 들면 은은히 빛나는 대리석과 벽면을 채운 미술작품, 그리고 전통 패널링이 충돌 없이 어우러지는 장면이 펼쳐진다. 공간은 조용한 언어로 묻는다. '당신은 이 품격을 감당할 수 있는 사람입니까?'

이 호텔의 진짜 품격은 과시가 아닌 비례와 균형, 시간의 결을 섬세하게 다듬은 듯한 마감에서 드러난다. 조명은 너무 밝지도 어둡지도 않게 천장을 감싸고, 리셉션 공간은 웅장함을 과시하는 대신 톤을 낮추어 방문객을 맞이한다. 더 코너트는 런던이 공간을 통해 어떻게 '절제된 권위'를 연출하는지를 가장 세련된 방식으로 보여주는 곳이다. 소리 없이 요구되는 질서, 강요되지 않지만 부정할 수 없는 위엄. 이곳에선 호텔에 들어선다는 것이 하나의 태도를 갖추는 일처럼 느껴진다.

이 호텔에는 '세계 최고의 바World's Best Bar'로 선정된 코너트 바Connaught Bar가 있다. 그곳을 처음 찾았던 저녁을 아직도 잊을 수 없다. 내가 처음 코너트 바를 방문한 건 런던의 솜 런던 사무소로 이직을 하고, 회사 외부에서 가진 비즈니스 미팅 자리였다. 오후 두시를 막 넘긴 밝은 대낮이었고, 진 앤드 토닉 한잔을 마시며 편안한 분위기에서 대화를 나누는 여유로운 미팅. 뭔가 넥타이를 조여 매야 할 것 같은 프로페셔널리즘이 강조되는 뉴욕에서는 떠올리기 어려운 자리라, 다소 생소하게 느껴졌다. 영어에는 'suave'라는 표현이 있다. 부드럽고 세련되며 매너 있는 태도를 표현할 때 쓰인다. 세련된 여유라고 할까? 그런 분위기에서 몇백 억짜리 프로젝트를 놓고 심도 있는 이야기를 나누는 고수들의 미팅. 그 장소가 코너트 바였던 데는 이유가 있었을 것이다.

코너트 바는 우리가 바 하면 떠올리는 일반적인 이미지와 거리가 있다. 어둡고 보수적이며 다소 고루할 수 있는 여느 5성급 호텔 바와 달리, 이곳은 완벽히 절제된 구조와 기하학적 질서, 그리고 은은한 세련됨으로 사람을 감싸는 공간이다. 내부는 유려한 곡선과 직선이 공존하는, 아르데코양식에서 영감을 받은 디자인 언어로 구성되어 있다. 진주처럼 은은히 빛나는 벽면, 수공으로 마감된 금속 디테일, 그리고 가죽과 유리가 조화롭게 어우러진 가구들은 이곳의 태도를 대변하는 듯하다. 팔레트는 밝고 반짝이지만 결코 과장하는 법이 없다. 실버와 플래티넘(은백색) 톤의 세련된 조합은 공간 전체에 부드러운 긴장감을 부여한다. 이곳에 앉은 이들은 저마다의 방식으로 침묵을 존중하게 된다.

코너트 바의 인테리어는 런던이라는 도시의 품격과 완벽하게 닮아 있다. 겉으로는 조용하고 세련된 인상을 주지만, 그 이면에는 철저히 계산된 권위와 규율이 숨겨져 있다는 점에서. 화려함은 있지만 과시는 없고, 자유로움은 있지만 무질서는 없다. 이곳에서는 사람조차 공간의 일부로 스며들어, 자신도 모르게 조금 더 천천히 말하고, 조금 더 단정히 앉게 된다.

모두의 이목이 집중되는 무대의 중심은 바 카운터. 이곳은 단순히 칵테일을 제조하는 장소가 아니라 퍼포먼스의 핵심이 되는 공간이다. 트롤리를 끌어와 눈앞에서 완성하는 칵테일 리추얼은 코너트 바의 상징이자, 이 공간이 어떤 품격을 지녔는지를 보여주는 퍼포먼스다. 바텐더의 손끝이 정제된 춤사위처럼 흐르면,

손님의 몸짓과 말투도 그 리듬에 맞춰 달라진다. 바 카운터는 사람의 태도와 기류를 바꾸는 정교한 공간적 장치다.

은근한 과시를 통해 드러나는 공간의 품격

런던만의 은근한 위엄을 보여주는 호텔이 또하나 있다. 19세기 중반 설립된 유서 깊은 호텔, 클래리지스Claridge's다. 이곳에 들어서면, 런던 귀족사회가 지닌 장식적 절제의 미학이 무엇인지 단번에 느낄 수 있다. 다크 우드 패널과 웨지우드 블루Wedgwood Blue▪ 벽, 그리고 크리스털 샹들리에는 묵직한 공기의 무게를 만들어낸다. 클래리지스의 아르데코는 파리의 장식과 다르다. 파리는 쾌락과 과시의 도시이지만, 런던에서 장식은 규율을 위해 존재한다. 영국 왕실 사람들과 유명 인사들이 이곳을 선택하는 이유도 바로 이 품위라는 안전장치 때문일 것이다.

한편, 사보이Savoy는 한 호텔이 도시의 서비스 문화를 어떻게 바꿀 수 있는지를 보여준다. 이곳은 유럽에서 최초로 전기 조명을 도입한 호텔로, 런던의 밤을 바꿨고 전기 설비를 전면적으로 활용함으로써 고급 호텔의 현대적 표준을 세웠다. 말하자면, 사보이는 '서비스의 본질'을 디자인한 런던 럭셔리의 출발점을 보여주는 공간이라고 할 수 있다. 이곳은 화려하지만 과하지 않고, 무게감은 있지만 불편하지 않다. 에드워디언Edwardian▪▪과 아르데코가 뒤섞인 사보이의 인테리어는 전통의 장엄함과 혁신의 리듬을 동시에 보여준다.

▪ 18세기 영국의 도자기 브랜드 웨지우드Wedgwood의 '재스퍼웨어Jasperware' 도자기 시리즈에서 유래한 은은한 회청색.

▪▪ 영국 에드워드 7세 시기와 그 직후를 아우르는 스타일과 문화를 가리키는 용어로, 빅토리아시대의 장식 과잉을 벗어나 절제된 고급스러움과 세련된 우아함을 추구한다.

칠턴 파이어하우스Chiltern Firehouse는 앞의 유서 깊은 호텔들과는 결이 다르다. 옛 소방서를 개조한 이 호텔은 벽돌 아치와 빈티지 가구, 시크릿 가든이 어우러져 런던의 힙스터적 감각을 담아낸다. 그러나 그 안에도 런던 호텔만의 규율이 숨어 있다. 겉보기에는 편안하고 섹시한 공간이지만, 가구 배치와 조명의 방향, 벽돌 색감 하나하나가 철저히 계산된, 의도된 과시다. 그러니 이곳에서 시간을 보내노라면 스타일이 다를 뿐, 질서와 품격을 은근히 과시하는 방식은 여전히 동일하다는 것을 자연스럽게 알 수 있다.

나는 런던의 호텔에서, 그리고 이 도시를 지탱하는 계급 구조에서, 사람들에게 요구되는 태도를 관찰한다. 자유로워 보이더라도 품위를 잃지 않을 것. 새로워 보이더라도 전통을 무너뜨리지 말 것. 편안해 보이더라도 무질서를 허락하지 말 것. 그것이 런던 호텔이, 또 런던이라는 도시가 설계한 공간의 태도다.

이 호텔들은 자유로워 보이나, 철저히 짜인 구조 안에서의 자유만을 허락한다. 낮고 깊은 리셉션 데스크가 사람의 자세를 바꾸고, 반복되는 기둥이 걸음과 시선을 곧게 세우며, 배치의 각도가 타인과의 거리를 결정하는 식으로. 그렇게 공간의 질서와 구조가 곧 품격이 된다. 호텔의 품격은 자재와 가구만으로 만들어지지 않는다. 그 안에 숨겨진 구조적 규율이 사람들의 태도를 바꾼다.

반항하는 공간

정중함과 유머 사이의
절묘한 조화

나는 런던을 1년에 한 번씩은 들르는 편이다. 파리 출장 길에 유로스타를 타고 세 시간이면 들어가는 런던을 그냥 지나치면 왠지 억울한 느낌이 들어서다. 그곳에 가면 과거에 빡빡하고 촉박한 직장인 일과를 소화하며 좌충우돌의 하루하루를 보내던 철부지 시절의 내가 기억난다. 그렇게 내 삶터였던 곳을 방문객이 되어 다시 찾아 좋아했던 동네들을 정처 없이 여유 있게 거니노라면, 몇 년을 살았어도 그땐 미처 들여다보지 못했던 공간들이 그제야 눈에 띄기 시작한다.

몇 해 전에도 그렇게 런던을 걷다 우연히 들어간 공간이 있다. 피츠로비아Fitzrovia■의 조용한 골목 모퉁이, 지하로 통하는 계단을 내려가니 작고 낡은 철문으로만 존재감을 드러낸 입구. 철문을 열고 들어서는 순간, 나는 강렬한 데자뷔에 사로잡혔다. 낡은 타일, 도자기 세면대, 낮은 천

■ 런던 중심부에 위치한 역사적인 주거·상업 혼합 지역.

장, 그리고 무엇보다 변기를 연상시키는 매스. 나는 이곳이 과거 공중화장실이었다는 것을 직감적으로 깨달았다. 하지만 지금 이곳은 커피 머신이 돌아가고, 사람들이 대화를 나누며, 묘하게 정돈된 온기를 풍기는 카페로 변신했다.

카페가 된 공중화장실 — 카페 어텐던트

공중화장실이 카페로 탈바꿈하다니, 누가 상상이나 했을까. 카페 어텐던트Attendant는 공간적 긴장을 능숙하게 활용했다. 원형 세면대와 소변기의 형태를 그대로 살린 구조물은 테이블로 기능을 전환했고, 높은 반사광을 가진 흰색 타일 벽은 청결함을 도모하는 동시에 복고적 위트를 선사한다. 사람들이 손을 씻던 세라믹 표면은 이제 에스프레소 잔과 크루아상 접시를 받쳐주며, 각 좌석을 나누는 파티션처럼 활용되는 금속 배관은 프라이버시와 유머를 동시에 챙긴다. 공간의 깊이는 깊지 않지만, 낮은 천장과 따뜻한 색 온도의 조명이 심리적 안정감을 조성한다. 이는 불쾌한 리디자인이 아니라, 기존 구조에 감정을 덧씌운 정중한 개입이다.

좌변기를 테이블 삼아 앉아 있는 경험은 뭔가 아이러니했지만, 불쾌하거나 조롱처럼 느껴지지 않았다. 오히려 감탄스러웠다. 기능은 완전히 바뀌었지만 구조는 하나도 무너지지 않았고, 그 위에 섬세하게 새로운 의미가 얹혔다. 그것은 파괴나 삭제가 아니었다. 오히려 기억을 보존한 채 언어만 전환한 공간. 나는 바로 이런 게 런던 공간의 미학이 아닌가 생각했다. 파괴하지 않고, 대신 존재하던 구조 안에 틈을 만들어, 그 사이로 새로운 언어를 흐르게 하는 것.

런던은 도시 전체가 하나의 거대한 '레너베이션 집합체'처럼 느껴지는 도시다. 도시의 거의 모든 건축물은 흔적을 지우기보다 덧붙이고, 제거하기보다 기념한다. 영국은 낡은 것과 새것을 이분법으로 구분하지 않는다. 과거의 흔적은 그 자체로 현재를 만드는 재료이며, 런던이라는 도시는 그 원형을 가능한 한 오래 살려두려고 한다. 단순히 낡음을 보존하려는 게 아니라, 기억을 건축적 맥락 위에 계속 살아 있게끔 하는 것이다. 기능은 언제든 바뀔 수 있다. 다만 어떻게 바뀌는지가 공간의 태도를 결정한다.

반항적인 런던 공간들은 우리 예상에 반기를 든다. 그러나 그 반항은 결코 소란스럽지 않다. 너무나 정교하고 감각적인 질서의 언어로 포장돼 있기 때문이다. 낡은 금속 배관과 백색 타일, 얕은 천장 구조와 고정된 파이프를 지우지 않으면서도, 그 위에 사람을 초대할 수 있는 방식으로 전환하는 감각. 이는 '해체'가 아닌 '재해석'이다. 위반은 흔적을 없애기보다 오히려 강조함으로써 가능해진다.

카페 어텐던트는 그 정중한 반항의 완성형이라 할 수 있다. 익숙한 장소가 낯선 기능을 갖게 됐을 때 생기는 긴장을 그대로 끌어안고, 사용자에게는 새로운 경험을 제공한다. 화장실이었던 공간을 카페로 쓴다는 것. 그것은 단순한 용도 변경이 아니다. 사회적 위계를 해체하고, 도시의 시간 위에 농담을 거는 일종의 제스처다. 이 얼마나 영국적인가. 이 도시의 공간은 늘 유머와 정중함 사이에서 절묘한 균형을 잡는다.

이곳에 앉아 커피를 마시는 일은 위계를 전복하는 유쾌한 아이러니를 통과하는 일이다. 타일, 파이프, 좌변기―모든 것이 여전히 그 자리에 있지만, 보임과 쓰임은 완전히 달라졌다. 그 낯섦이 불편하지 않고, 오히려 흥미롭게 느껴진다. 마치 잘 짜인 농담처럼.

런던은 펑크punk가 태어난 도시다. 섹스 피스톨스Sex Pistols 의 기타 소리와 함께 시작된 펑크는 단순한 음악 장르가 아니었다. 그것은 기존 질서에 대한 반항, 권위에 대한 조롱, 그리고 모든 틀에 던지는 유쾌한 욕설이었다. 어텐던트는 정확히 그런 철학 위에 자리한다. 이곳에서 우리는 기능의 전복, 위계의 해체를 목격하는 동시에, 공간에 스며든 농담을 향유한다. 낡은 공중화장실이라는 사회적 저지대가 런던의 감각적 커피 하우스로 전환되는 장면. 이 전환을 통해 펑크적 감수성은 공간으로 구현된다.

비슷한 구조적 정서를 리버틴 런던Libertine London에서도 느낄 수 있다. 이곳은 금융가의 지하 금고였던 공간을 그대로 살려 만든 펍이다. 내부의 석조 벽, 두꺼운 금고 문, 아치형 천장은 잘 보존된 채 그대로 남아 있으며, 그 안에는 낮은 조명과 깊은 목소리가 흐른다. 이곳은 단순히 과거를 모티프로 꾸몄다기보다, 실제 과거의 기억을 현재의 사적 감각 위로 조심스럽게 이식한 공간이다. 계단을 따라 내려가면 좁고 긴 복도가 이어지고, 그 양옆으로 배치된 바 공간은 천장의 리듬에 맞춰 곡선과 음영을 만들어낸다. 테이블 배치는 일률적이지 않고, 과거 금고 구조를 따라 비대칭적으로 흩어져 있다. 그 안에서 술을 마신다는 것은 과거의 권위와 위계를 부드럽게 비틀며, 새로운 질서를 생성하는 일. 해체는 결국 '다시 쓰기'이고, 반항은 '보존의 기술'이다. 구조를 무너뜨리지 않으면서도 기능과 감정을 재정의하기. 바로 그 태도에 런던 공간의 깊이가 있다.

미술관이 된 터빈실—테이트 모던

한편 이 도시의 반항적인 공간 철학을 가장 정제된 방식으로 보여주는 곳을 꼽으라면 단연 테이트 모던Tate Modern의 터빈 홀Turbine Hall이다. 이 산업 구조물은 원래 뱅크사이드 발전소Bankside Power Station의 터빈실이었는데, 지금은 세계 최고의 현대미술관 중 하나로 거듭났다. 철제 기둥, 비대칭적 깊이, 노출된 콘크리트 구조까지 모두 그대로 남아 있는 가운데, 그 위에 예술이 올라탔다고 할까. 그럼으로써 기존의 전시 공간이라는 정의는 해체되고, 미술관은 열린 구조로 변모한다.

터빈 홀의 스케일은 실로 압도적이다. 높이 35미터가 넘는 천장과 길이 152미터에 달하는 홀 공간은 공간 자체가 전시되는 구조를 만든다. 바닥과 벽은 칠해지지 않은 거친 콘크리트 그대로이며, 조명은 특정 작품을 강조하기보다 공간 전체의 명도와 흐름을 조율하는 방식으로 설계되었다. 이 공간에 들어서면 관람객은 자신의 시선보다 먼저 공간의 위계에 감응하게 된다.

터빈 홀은 기능적, 구조적, 정서적 레벨에서 완벽한 전환을 이룬다. 하지만 그 어떤 것도 완전히 지워버리지는 않는다. 변화는 소리 없이, 그러나 거대하게 이루어진다. 관객은 공간 자체와 정면으로 마주해야 하며, 작품은 벽이 아닌 바닥과 천장, 공기를 점유한다. 공간은 그렇게 틀을 버리는 대신, 새로운 틀을 감정적으로 설계해낸다.

런던은 해체하면서도 질서를 남기고, 전복하면서도 역사를 지우지 않는다. 그 점이 다른 도시와 런던을 구분 짓는 공간의 태도다. 뉴욕은 공간의 기능을 대담하게 새로 정의하고, 파리는 장식과 예술로 감정을 입힌다. 그러나 런던은 언제나 반항적 자세를 취하되, 남기면서 바꾼다.

그래서 런던의 공간은 늘 우리를 놀라게 한다. 그 놀라움에는 특유의 경쾌함이 있다. 낡은 화장실이 카페가 되고, 폐허 같던 발전소가 미술관이 되며, 지하 금고가 시끌벅적한 펍으로 탈바꿈하는 순간. 이 도시의 진짜 매력은 기능의 전환이 아니라, 그 전환을 받아들이는 방식에 있다. 런던은 부수지 않는다. 대신, 기억을 남긴 채 가볍게 비튼다. 낯익은 구조를 해체하지 않고, 그 안에 새로운 감정과 관계를 주입한다. 그 결과 공간은 웃음 섞인 감탄을 자아내고, 우리는 불편함보다는 호기심을 갖고 그 안에 머무르게 된다.

런던은 공간을 통해 말한다. '질서를 깰 수 있다. 다만, 품위 있게.'

Adult
Video
Pe
Sh

PART 3

공간을 결정 짓는 것들

THE
ELEMENTS
OF SPACE

의자 하나에도
말이 있다

오래 앉는 문화의 디자인

파리 사람들은 카페에 앉아 시간을 보내지 않는다. 그들은 카페에 앉아 '세상을 본다'. 아침이면 카페 드 플로르Café de Flore의 테라스에는 사람들이 줄지어 앉아 있다. 의자들은 하나같이 테이블을 마주보지 않고 거리 쪽으로 돌려져 있고, 사람들은 그 의자에 앉아 커피잔을 들고 오가는 행인들을 바라본다. 신문을 읽는 노인, 담배를 피우는 남자, 아무것도 시키지 않은 채 가만히 앉아 있는 여자. 의자가 향하는 방향이 말해준다. 이곳에서 중요한 것은 테이블 위가 아닌, 테이블 너머 세상이라는 걸.

나는 여기서 한국의 카페를 떠올린다. 테이블을 중심으로 서로 마주보는 의자들, 시선을 맞추고 대화를 나누고, 빠르게 음료를 마시고, 자리를 정리하고 떠나는 사람들. 우리의 카페 의자는 효율적인 구조물이다. 그러나 파리의 카페 의자는 전혀 다른 말을 건넨다. '머무는 시간을 즐겨도 된다.' '아무것도 하지 않아도 괜찮다.' '세상을 바라보라.' 이렇게 의자가 사람에게 요구하는 태도부터가 다르다.

시선의 공유—나란히 앉는다는 것

파리의 거리에서는 마주 앉은 두 사람보다, 나란히 앉은 두 사람을 더 자주 보게 된다. 노천 카페에 줄지어 놓인 라탄 체어는 테이블을 중심으로 배치되어 있지 않다. 오히려 의자 두 개가 거리 쪽을 향해 나란히 놓여 있다. 같은 방향을 바라본다는 건 친밀함의 표현이다. 마주 봐서 가까운 게 아니라, 함께 바라보는 대상이 있어 가까워진다는 것. 이 공간적 태도는 사람과 사람 사이의 거리를 다른 방식으로 좁힌다. 같은 풍경을 보고, 같은 사람을 지나치고, 같은 시간에 같은 계절을 느끼면서 침묵 속에서도 공유되는 감각. 대화 없이도, 공유는 이루어진다. 파리의 의자 배치는 대화를 멈춘 시간에도 관계는 지속될 수 있다는 사실을 말해준다. 나란히 앉은 두 개의 의자가 만들어내는 침묵과 같은 곳을 향하는 시선, 그것은 파리라는 도시가 관계를 디자인하는 섬세한 방식이다.

카페 드 플로르의 라탄 체어는 파리 카페 문화를 상징하는 비스트로 의자 중 하나다. 알루미늄 프레임 위에 라탄을 촘촘히 엮은 좌판과 등받이는 가볍고 내구성이 뛰어나며, 야외 테라스 환경에 적합하도록 설계되었다. 초록색과 붉은색이 교차하는 패턴 디테일은 고전적인 파리 카페의 정체성을 시각적으로 강화한다. 등받이는 살짝 기울어 있지만 몸을 깊게 묻도록 만들지 않아, 편안함과 긴장 사이의 균형을 유지한다. 테이블을 마주보기보다 거리 쪽으로 향하도록 배치되는 이 의자들은 단순한 착석 가구가 아니라, 도시를 바라보는 방향성과 태도를 형성하는 장치로

123

기능한다.

1990년대 초 파리시가 의뢰하고 장미셸 윌모트Jean-Michel Wilmotte가 설계한 팔레 루아얄Palais Royal 정원의 야외 의자는 고전적 회랑과 조화를 이루도록 디자인된 공공 가구다. 이 의자는 튜브형 스틸 프레임에 검정 또는 짙은 녹색으로 도장한 금속 구조를 사용하며, 좌판과 등받이는 파리에서 흔히 볼 수 있는 라탄이 아닌 메탈 메시 또는 타공 강판으로 제작되었다. 파리 특유의 클래식하면서도 장식적인 디자인을 모방하기보다 절제된 현대적 형태로 주변 건축을 보완하는 것이 특징이다. 이는 상업용 비스트로 체어나 뤽상부르정원Jardin du Luxembourg의 페르몹Fermob 의자와는 구분되는 것으로, 파리 공공 공간 재정비 일환으로 제작된 도시 가구다.

감정의 프레임으로서 의자들

프랑스에는 이 라탄 체어 외에도, 오랜 시간 앉아 있는 문화를 가능하게 한 수많은 상징적 의자가 존재한다. 예를 들어, 물랭 라 돔Moulin La Dôme의 포터 체어Porter Chair는 19세기 귀족 가정에서 문지기들이 앉던 의자가 그 기원이다. 돔 형태의 높은 등받이는 시각적 보호막 역할을 하며, 앉는 사람을 포근하게 감싼다. 이는 외부와 단절시키기보다, 자기만의 공간을 갖도록 돕는 구조다. 높은 등받이의 곡선은 안정감을 주면서 고립 속에서의 관조를 허용한다. 포터 체어에 앉는 순간, 사람은 단순히 몸을 쉬게 하는 게 아니라, 자신만의 감정적 프레임을 형성하게 된다.

또다른 예로 보르도 아웃도어Bordeaux Outdoor의 상업용 프렌치 비스트로 스태킹 체어French Bistro Stacking Chair가 있다. 이 의자는 프랑스 전역의 비스트로와 테라스에서 널리 사용된다. 알루미늄 프레임과 합성 라탄으로 제작되어 내구성과 가벼움을 갖췄을 뿐 아니라 겹겹이 쌓을 수 있어 보관과 이동에도 편리하다. 팔걸이가 없고, 프레임은 앉았다 일어나는 동작을 자연스럽게 유도한다. 이 의자 역시 지나치게 편안하지는 않다. 단순히 빨리 앉았다 떠나는 것이 아니라, 적당한 시간을 머물며 앉아 있을 수 있도록 설계되어 있다고 할까. 기능적이면서도, '머무름의 태도'를 조율하는 디자인이다.

공원에서도 마찬가지다. 뤽상부르정원에 놓인 의자들이 대표적인 예다. 1923년 디자인되어 오늘날까지도 공원 곳곳에 배치되어 있는 철제 의자는, 가볍고 튼튼해 관리자가 햇빛과 그늘을 조율하며 매일 위치를 바꾼다. 누구나 자유롭게 앉을 수 있기에 사람들은 이 의자를 들고 다니며 자신만의 자리를 만들어 하루를 보낸다. 그저 정해진 자리에 '앉아 있는 사람'이 아니라, '자리를 만드는 사람'으로 존재하게 되는 것이다.

루이 고스트 체어Louis Ghost Chair 역시 흥미로운 사례다. 필리프 스타르크Philippe Starck가 2002년 디자인한 이 의자는 고전적 형태를 현대적으로 재해석한 투명 의자다. 루이 16세 스타일의 암체어를 폴리카보네이트로 만든 이 의자는 공간을 시각적으로 가볍게 만들면서도, 사용자를 전통적인 위엄의 구조 안에 앉게 한다. 존재를 강조하면서 동시에 그 존재감을 지우는 디자인. 그 아이러니가 프랑스 디자인의 유연함과 재치를 보여준다.

이처럼 어떤 의자에 앉느냐는 존재의 태도를 선택하는 문제다. 어떤 의자는 시선을 테이블에만 머무르게 한다. 대화 상대, 휴대전화, 음료가 눈에 보이는 전부다. 그런가 하면 시선을 밖으로 향하게 하는 의자들도 있다. 거리, 사람, 계절, 삶. 그 작은 차이가 사람의 태도를 바꾸고, 도시의 풍경을 다르게 만든다. 파리의 의자들은 오래 앉는 문화를 통해 말한다. 앉는 것은 단순한 휴식이 아니라, 존재하는 방식이라고. 그렇게 파리의 의자들은 오늘도 사람들의 몸을 지탱하고, 그들이 살아내는 하루를 조용히 디자인하고 있다.

배치가 말하는 도시—파리 의자의 태도는 왜 특별한가

파리에서 의자는 '어떻게 놓여 있는가'만으로 도시의 태도를 드러낸다. 이 도시는 사람을 바라보게 하지 않는다. 대신, 사람과 세상 사이로 시선을 흐르게 한다. 카페의 라탄 체어는 마주보지 않고 나란히 놓인다. 공원의 철제 의자들은 고정되어 있지 않다. 자유롭게 움직일 수 있고, 원하는 자리로 가져갈 수 있다. 햇살이 좋은 곳으로, 그늘이 드리운 곳으로, 분수를 바라보는 쪽으로. 의자의 방향은 고정된 시선을 유도하기보다 감정의 흐름을 따르는 동선이 된다. 그리고 그 움직임 자체가 이 도시의 자유를 말해준다.

뉴욕의 공원에는 세련된 벤치가 놓여 있지만 대부분 고정되어 있고, 시선은 내부를 향한다. 센트럴파크에 앉아 있는 사람들은 자연을 감상하기보다 잠깐 쉬기 위한 기능적 휴식에 머물렀다 떠날 때가 많다. 런던의 공원은 조금 더 유연하지만, 의자는 여전히 관리되는 구조물의 성격이 강하다. 한국의 카페나 공공 공간에서는 의자가 거의 항상 벽을 향하거나, 테이블을 중심으로 마주 놓인다. 시선은 테이블 안에 갇히고, 의자는 정지되어 있으며, 머무르는 시간은 짧고 목적이 분명하다. 그러나 파리의 의자는 기능이 아닌 태도로 자리한다. 마주보지 않고 나란히 앉는 구조, 고정되어 있지 않고 움직일 수 있는 자유, 무엇보다 의자가 공간을 지배하지 않고, 사람의 감정을 따라 배치될 수 있도록 허락하는 배려. 파리에서 의자는 '앉는 자리'로 삼는 데 그치지 않고 '바라보는 구조'를 만든다. 그것은 공간을 일방적으로 통제하지 않고, 사람과 함께 완성된다.

결국 파리의 의자 배치는 도시가 사람에게 전하는 태도의 표시다. '당신이 어떻게 앉든, 우리는 그 시선을 존중하겠다.' 이 유연한 태도가 파리를 느리게 만들고, 깊게 만들며, 무엇보다 사람을 오래 머무르게 만든다. 파리의 의자는 단지 디자인이 아니라, 이 도시가 지닌 삶의 철학이다.

벽지가
공간을 정의한다

감정을 숨기는
런던의 장식적 정서

런던에서는 벽이 가만히 있지 않는다. 무채색의 침묵을 선택하지도 않고 단순히 배경으로 물러서는 것도 거부한다. 벽은 때로는 꽃으로, 때로는 조밀한 격자로, 혹은 사라진 과거의 풍경으로 우리에게 말을 건다. 벽은 장식을 통해 감정을 표현하기보다 감추며, 그 침묵 속에서 은근하게 속삭인다. '이 공간은 무언가를 감추고 있다.'

리버티 런던은 그러한 문화의 상징이다. 세계 3대 백화점으로 꼽히는 이 백화점은 영국의 장식 문화에 깊은 영향을 준 상징적 공간이었다. 리버티 쇼룸에서 마주한 타이거 패턴 벽지는 명백히 과잉되어 있었지만, 그 과잉은 묘하게도 절제되어 보였다. 그것은 그저 화려하기만 한 장식이 아니라, '감정을 드러내지 않기 위한 방식'으로 구현되어 있었다. 영국의 문화는 늘 정중하고 신사답다. 그래서 조금은 거리감이 느껴지고 격식 있어 보인다. 벽지의 패턴 장식도 이것과 닮아 있다. 직선보다는 곡선, 침묵보다는 패턴. 그 안에는 말 못한 감정, 붙잡고 싶은 풍경, 흘러가지 않기를 바라는 시간이 숨겨져 있다. 그래서 런던의 벽은 감추어진 이야기로 가득하다.

이렇듯 영국식 벽지는 공간을 '아름답게 꾸미기 위해' 사용되지 않았다. 너무 조용한 공간을 덮기 위해, 너무 무거운 감정을 중화시키기 위해 말하지 못한 것을 반복되는 패턴으로 감쌌다고 할까.

19세기 후반, 리버티는 신흥 중산층이 귀족 취향을 흉내내고자 할 때 이러한 모방의 '합법적 통로'로 삼을 수 있는 공간이었다. 윌리엄 모리스William Morris와 아츠 앤드 크래프트Arts and Crafts 운동■의 영향을 받아 자연주의 패턴과 수공예 정신이 담긴 벽지는, 단순한 유행을 넘어 '나는 안목 있는 사람이다'라는 사회적 신호가 됐다. 반복되는 덩굴과 꽃 무늬는 부를 과시하기보다 취향을 드러내는 언어였다. 귀족이 더이상 성을 짓지 않고, 중산층이 금칠 장식을 멀리하던 시기, 사람들은 패턴을 선택했다. 절제된 장식, 정제된 반복, 감정을 억제하면서 질서를 존중하는 시각적 언어―그렇게 패턴은 곧 계급의 표정이 되었다. 이러한 장식 정신은 오늘날 영국 벽지 브랜드에서도 여전히 선명하게 드러난다.

태도를 표현하는 영국의 벽지들

■
19세기 후반 영국에서 시작된 디자인·공예 운동으로, 산업혁명 이후 대량생산의 획일성과 품질 저하에 대한 반발로 나타났다. 장인의 손길과 전통적 기술을 중시하며 단순하고 자연스러운 디자인을 추구했다.

영국의 대표적인 세 가지 벽지 브랜드를 꼽자면, 윌리엄 모리스, 드 구르네de Gournay, 콜 앤드 선Cole & Son이 있다. 이 셋은 각각 고유한 감정의 구조와 시선을 담아낸다.

월리엄 모리스의 벽지는 복잡하게 얽힌 식물 패턴으로 유명한데, 결코 어지럽지는 않다. 덩굴은 질서 있게 휘감고, 꽃은 대칭을 이루어 배치되며, 모든 요소가 정제된 리듬 안에서 호흡한다. 이 패턴은 산업화된 세상에 맞선 손의 저항을 담고 있다. 모리스에게 '잘 만든다는 것'은 곧 윤리적 행위였다. 그의 패턴은 있는 그대로의 자연이라기보다 통제된 자연—즉 절제된 감정과 교양 있는 취향—을 보여주는 시각 언어였다.

드 구르네의 벽지는 말 그대로 '벽 위의 극장'이다. 한 장 한 장 손으로 그린 새와 나무, 꽃, 산수는 단순히 현실에 장식을 보탠다기보다 현실을 잠시 지운다. 드 구르네의 시그니처 스타일인 시누아즈리chinoiserie는 18세기 유럽 귀족들이 상상한 중국을 현대적으로 계승한다. 회화적 묘사는 실크 위에 금박으로 입혀져 사치스럽게 빛나며, 감정을 직접적으로 말하지 않으면서도 감정이 머무를 수 있는 배경을 연출한다. 드 구르네는 '보고 싶은 대로 보는 감정의 권력'을 가장 정교하게 시각화한 브랜드라 할 수 있다.

이에 비해 콜 앤드 선의 패턴은 한층 현대적이다. '힉스Hicks' '헥사곤Hexagon' 같은 기하학적 형태는 날카롭고 반복적이며, '우즈Woods'는 검은 선으로 구성된 흑백의 숲이다. 20세기 중반 모더니즘의 영향을 받은 콜 앤드 선의 벽지는 감정을 철저히 통제하며, 반복을 통해 표현의 절제를 실현한다. 감정을 억제하면서도 구조화된 정서를 보여주는 것이다.

이렇게 어떤 벽은 기억을 감싸고, 어떤 벽은 현실을 지우며, 또 어떤 벽은 지금의 나를 정돈한다. 어느 쪽이든, 잘 감싸인 벽은 자기만의 태도를 드러낸다. 벽은 우리에게 말한다. '나는 보여지는 방식으로 존재한다.'

감정을 연출하는 벽

화려함과 장식성으로 유명한 애나벨Annabel's 프라이빗 멤버스 클럽은 데코레이션이 감정을 어떻게 주도할 수 있는지를 가장 연극적인 방식으로 보여주는 곳이다. 메이페어 심장부, 정제된 우아함이 흐르는 거리 끝에서 만난 이 공간은, 벽지를 단순한 미적 배경이 아닌 정서적 연출 장치로 사용한다.

마르틴 브루드니츠키Martin Brudnizki■가 리디자인한 가든 룸Garden Room은 드 구르네의 수작업 채색hand-painted 벽지로 가득차 있다. 연분홍빛 정글, 날갯짓하는 앵무새, 과장된 열대식물과 골드 디테일—모든 요소가 사람보다 먼저 감정의 농도를 결정한다. 이곳에서 벽지는 공간 전체의 규칙을 설정하는 장치다. 벽 앞에 서면 목소리 톤이 흥겨워지고, 몸짓이 자연스레 다듬어진다. 말보다 표정이 먼저 바뀌며, 그 표정은 공간의 톤에 맞춰 조율된다. 벽지가 감정의 스크립트를 작성했기에, 방문자는 그 대본에 맞춰 연기하게 된다.

이곳에서는 무엇을 마셨는지보다 어느 벽 앞에 앉았는지가 기억의 기준이 된다. 애나벨은 장식의 절정을 보여주지만, 결코 무질서하거나 경박하지 않다. 과잉처럼 보이는 모든 요소가 의도적으로 배치되어 있으며, 그 배치는 사회적 거리와 감정적 규율을 시각화한다. 벽지는 단순한 장식이 아닌 선언이다. 이곳은 일상과 다르며, 그러니 이곳에 온 당신도 평소와 달라져야 한다는. 이 연극적 장치는 사람들의 감정까지 리드한다. 공간은 침묵하기보다 오히려 감정에 앞서 말한다. 그 앞에서 사람은 자신을 수정하고, 감정을 편집하며, 기억을 세팅한다. 이때 장식은 배경에 머무르지 않고, 기억의

■

스웨덴 출신, 런던을 기반으로 활동하는 인테리어 디자이너로, 럭셔리 레스토랑, 바, 호텔, 프라이빗 클럽 등 상업 공간과 주거 공간을 디자인한다.

형식을 이룬다.

또다른 예로 존 손 경의 박물관Sir John Soane's Museum을 떠올려본다. 조지시대 건축가 존 손 경의 자택이자 박물관인 이 공간의 벽지들은 화려함을 택하지 않고도 공간의 감정을 지배한다. 손으로 찍어 만든 블록 프린트와 다마스크 패턴 벽지들은 빛과 그림자, 거울과 파티션 구조 속에서 공간 전체의 정적과 사유의 깊이를 만들어낸다. 이곳에서 벽지는 계급적 과시를 위한 화려함이 아니라, 침묵을 감싸고 기억을 붙잡는 태도다. 존 손 경은 평생 수집한 조각과 회화, 그리고 벽지를 통해 공간을 하나의 건축적 시詩로 완성했고, 그 시는 수 세기가 지난 지금도 변함없이 남아 있다. 그의 벽지는 과거를 붙잡는 손이었다. 감정이 흘러가버리지 않도록 패턴으로 덮어두고, 그것이 잊히지 않도록 침묵 위에 장식을 얹어둔 벽. 그러니 이 시는 '말하지 않음'을 표현해내는 또다른 언어였다.

한편, 월리스 컬렉션Wallace Collection에 들어서면 벽이 공간을 지휘하고 있다는 것을 단번에 느낄 수 있다. 이곳은 하트퍼드 공작Hartford Duke 가문의 타운하우스를 미술관으로 바꾼 공간이지만, 전시된 가구나 회화보다 먼저 눈에 들어오는 것은 벽지의 존재감이다. 로코코풍의 실크 다마스크 벽지들은 각각의 방에서 저마다 다른 표정을 짓고 있다. 어떤 방은 핑크빛으로, 어떤 방은 코발트블루로, 또다른 방은 골드로. 이 색들은 단순히 취향을 반영하는 데 그치지 않고, 공간의 위계를 선언하는 장치로서 기능한다. 누구의 방인지, 무엇을 위한 방인지, 누구를 위한 사치인지…… 벽지는 그 모든 것을 침묵 속에서 표현한다. 월리스 컬렉션의 벽지는 호화스러우나 결코 경박하지 않다. 패턴은 정교하지만 과시적이지 않고, 색은 진하지만 소란스럽지 않다. 그 절제된 사치 속에는 영국 귀족사회의 감정 구조가 고스란히 담겨 있다.

런던은 쉽게 감정을 허락하지 않는 도시다. 그래서 벽은 화려해지고, 반복적인 패턴과 장식적인 언어로 자신을 드러낸다. 말하지 않으니 더 많이 감싸는 것, 그 절제와 은폐가 이 도시의 정서다. 장식은 감정을 표현하는 것이 아니라 제어하는 도구다. 공간은 곧 사회이고, 사회는 벽지로 감정을 설계한다. 런던의 벽은 그렇게 침묵 속에서 말한다.

이 도시에서 벽은 시선을 피하지 않는다. 시선을 견디고, 감정을 포장하며, 도시의 내면을 관리하는 오래된 기술을 구현한다. 그리고 그 기술은 지금도 살아 있다. 말하지 않되, 더 아름답게, 더 정교하게 장식하는 방식으로.

감정은 침대가 아닌
테이블에서 시작된다

뉴욕식 거주의 구조

처음 내 이름으로 된 집을 뉴욕 맨해튼 웨스트빌리지에 장만했을 때, 내가 가장 먼저 들여놓은 것은 침대가 아닌 책상이었다. 잠자리는 에어 매트리스나 침낭으로 어느 정도 해결할 수 있었지만, 친구들을 불러 국수 한 그릇이라도 나눠 먹으려면 테이블이 꼭 필요했다. 그래서 가장 먼저 들여놓은 게 작은 다크월넛 데스크였다. 이어서 함께 식사할 수 있는 아일랜드형 식탁과, 통유리창 앞 소파에 놓을 낮은 대리석 커피 테이블을 마련했다. 이 세 테이블이 우리집의 구조를 결정 지었다고 해도 과언이 아니다.

키친 카운터를 제작하고 남은 대리석으로 만든 낮은 박스형 커피 테이블은 창가에 두었다. 아침이면 초록빛으로 반짝이는 창가 앞 공원의 빛이 테이블 위로 부드럽게 스며들었다. 빵을 자르고, 커피를 내리고, 메일을 확인하던 아일랜드형 테이블에서는 하루의 리듬이 시작됐다. 저녁이 되면 친구들이 와서 자연스럽게 둘러앉는 작은 식탁이 되는 자리였다. 그 위에선 늘 이야기와 웃음이 넘쳤다. 침실 한편의 월넛 데스크는 창가 벽에서 살짝 떨어뜨려 두었다. 컴퓨터를 두고도 여전히 창밖을 바라볼 수 있는 각도였다. 뉴욕에서의 일은 빠르고 거칠었지만, 이 데스크 앞에서는 생각을 고르고, 문장을 다듬고, 내일의 계획을 새로 쓸 수 있었다. 테이블과 데스크 위에서 나는 '지금 여기 있는 나'와 '아직 도착하지 않은 나'를 계획했다. 소파 앞 커피 테이블은 가장 낮고 체구도 작았지만, 가장 많은 대화를 품었다. 와인잔도, 잡지도, 때로는 노트북도 올라갔다. 친구들이 오면 자연스럽게 이 테이블을 중심으로 소파와 러그 위에 모여 앉았다. 누군가는 다리를 접고, 누군가는 팔꿈치를 테이블에 괸 채. 테이블은 단순히 물건을 올려두는 가구가 아니라, 사람들의 시선과 말과 에너지가 모이는 중심이었다.

나는 이 집에 살면서 알게 되었다. 뉴욕의 공간은 침대가 아닌 테이블을 중심으로 짜여 있다는 것을. 한국의 집들이 '어디에 눕느냐'를 고민한다면, 미국의 집들은 '어디에 앉고, 모이느냐'를 고민한다. 모여 앉는다는 것은 곧 무언가를 시작한다는 뜻이니까. 테이블은 휴식의 끝이자 활동의 시작이었다. 사람들을 모이게 하고, 생각을 정리하게 하고, 때로는 다시 일어서게 하는.

한국의 작은 원룸은 '침대가 곧 집'이라는 논리를 따른다. 침대가 어디에 놓였는지, 몇 개가 있는지가 중요하며, 책상이 있는 서재에는 큰 의미를 두지 않는 경우가 많다. 반면 높은 월세 때문에 작은 원룸 스튜디오에 사는 사람이 많은 뉴욕에서는 '책상이 곧 집'이다. 잠자는 것은 어디서든 가능하지만, 퇴근 후 진짜 내 꿈을 그리기 시작하는 나만의 책상은 오롯이 내 생각을 정리하고, 진정한 나를 마주할 수 있는, 자아가 숨쉬는 공간이기 때문이다. 침대가 몸을 누이는 자리라면, 책상은 정신을 일으켜세우는 자리다.

식탁, 데스크, 커피 테이블. 이 세 개의 테이블이 만들어낸 구조는 뉴욕이라는 도시에서 어떻게 살아가야 하는지를 내게 매일 일깨워주었다. 뉴욕이라는 공간은 침대에 누워 쉬기보다 책상이나 테이블 앞에 앉아 끊임없이 나를 재정비하고 계획하기를 원한다. 지속적인 성장을 위한 발버둥. 성장은 편안한 침대에서 시작된다고 믿었던 나는, 어느 순간 테이블 앞에서 나 자신이 여물어감을 느꼈다.

억만장자의 딸이 사는 첼시의 펜트하우스 디자인에 참여한 적이 있다. 센트럴파크가 내려다보이는 펜트하우스. 설계 초반 클라이언트의 의중을 파악하는 인터뷰 자리에서 가장 인상적이었던 것은, 그가 식탁 테이블에 내보이던 집착이었다. 화려한 침실이 아니라. 보통의 럭셔리 아파트라면, 가장 큰 면적을 침실과 욕실이 차지하기 마련이다. 하지만 그가 원한 공간의 중심은 거실도 침실도 아닌, 식탁의 테이블 공간이었다. 통유리창 앞에 놓인 대형 테이블, 회의용 테이블인지 다이닝 테이블인지 구분이 어려울 정도로 크고 긴 테이블. 그는 센트럴파크 뷰를 침대에 누워서가 아니라, 테이블 앞에 앉아서 마주하고 싶어했다. 세상에서 가장 비싼 공원 뷰라고 불리는 이 경관을 친구들과 함께 내려다보는 것이 가장 뉴요커답다는 게 그의 얘기였다.

다른 뉴욕의 주거 프로젝트를 진행할 때도 상황은 비슷했다. 가구를 고르는 데 있어서 늘 침대만큼 중요한 아이템은 단연 책상이었다. 휴식보다 작업을, 무게보다 목표를 중요하게 여기는 뉴요커들답다는 생각을 했다. 한국의 공간들이 '쉴 수 있는 집'을 설계한다면, 뉴욕의 공간은 '이룰 수 있는 집'을 설계한다. 그 구조는 사람의 마음까지 바꿔놓는다. 침대에 누워 있을 때조차 책상 위의 노트북을 떠올리게 하고, 잠들기 전에도 내일의 미팅과 기획안을 떠올리게 한다. 침대가 몸의 무게를 풀어주는 곳이라면, 책상은 생각의 무게를 키우는 곳이다. 그래서 뉴욕에서 살수록, 몸은 피로해지지만 마음은 더 선명해졌다.

이 테이블 중심의 구조는 내 집뿐 아니라, 뉴욕 곳곳에서도 발견된다. 모두가 함께 사용하는 공유 오피스의 커다란 테이블, 다운타운 레스토랑의 넓은 공용 식탁, 호텔 로비의 긴 공용 테이블. 뉴욕 사람들은 벽을 보고 앉는 것보다, 낯선 사람과 테이블을 공유하는 것을 더 자연스럽게 여겼다. 사람들은 커피를 마시면서 옆자리에 앉은 사람에게 말을 거는가 하면, 이메일을 쓰다 말고 모르는 사람의 노트북 화면을 힐끗 보며 대화를 시작했다. 이 도시는 원래부터 그런 종족이 모여 사는 곳이었다. 사람들과 활발히 어울리며 교류하기 좋아하는 외향형 인간들. 낯선 만남을 피로해하기보다 그 만남에서 기회를, 영감을, 연결을 찾는 사람들.

그들이 선택한 테이블이라는 구조가 그들이 머무는 공간의 태도를 결정짓는다. 공간이 사람들에게 '여기에 앉아도 된다'고 말하는 순간, 그곳은 하나의 무대가 된다. 그렇게 한 테이블에 둘러앉게 된 사람들은 서로의 존재를 목격하면서 다시 스스로를 다잡는다. 뉴욕에서 테이블은 단순히 음식이나 물건을 올려두는 곳이 아니다. 테이블은 사람들의 감정을 깨우고, 태도를 바꾸고, 관계를 만들어내는 장소다. 침대가 내면으로 침잠하게 한다면, 테이블은 외부로 시선을 돌리게 한다. 그 시선의 교차가 바로 사람들의 태도가 된다. 뉴욕의 테이블은 늘 누군가를 다시 앉히고, 다시 시작하게 만든다. 이 도시에서 감정은 휴식이 아닌, 목표와 만남에서 시작된다. 그리고 그 목표와 만남은 오늘도 누군가를 테이블 앞으로 불러들이고 있다.

감정은 침대에서 시작된다고 믿었던 내가, 뉴욕에서는 책상이나 테이블 앞에서 더 많은 감정을 느꼈다. 기쁨도, 초조함도, 기대도, 두려움도 모두 책상 앞에서 시작되었다. 침대는 그 감정을 흘려보내는 곳이었을 뿐이다. 뉴욕은 그런 곳이었다. 침대보다 테이블이 더 많은 감정을 품고 또 다루어내는 도시. 침대보다 테이블에서 더 큰 이야기와 꿈을 만들어내는 도시. 뉴욕은 말한다. '쉬고 싶다면 떠나라. 그러나 머무를 거라면, 여기 앉아라.'

중심을 세우는
방식

현관, 조명, 수납으로 드러나는
한국인의 심리

서울이라는 도시는 정신없이 바쁘고 가변적이다. 고층 아파트가 하루가 다르게 솟아오르고, 유행은 한 계절도 지나지 않아 낡은 것이 된다. 그런데 이토록 변덕스럽고 가벼운 흐름 속에서도, 서울의 실내 공간만큼은 오히려 정반대의 태도를 취한다. 공간 내부는 묘하게 고정되어 있다. 머무르고, 정돈하고, 무언가를 '중심에 놓는다'. 벽은 하얗게 정리되고, 조명은 테이블의 한가운데를 향하며, 신발장은 보이지 않게 숨겨져야 비로소 평온해진다. 불확실한 바깥세상과 달리, 실내는 '나만의 세계'를 꾸릴 수 있는 유일한 장소다. 그렇기에 서울은 실내에서 심리적 중심을 설계하는 도시라고도 할 수 있다.

그 중심이란 대단한 구조나 디자이너 가구에서 비롯되는 게 아니다. 오히려 너무 일상적이고 당연하게 여겨지는 것들—현관, 식탁 조명, 붙박이장—이 그 역할을 해낸다. 작은 장치들이 공간의 방향과 시선을 정리하고, 관계를 구획하며, 감정을 다

139

스린다. 이것은 서울이라는 도시의 불안과 질서 본능을 상징하는 풍경이기도 하다. 서울의 실내 공간은 언제나 무언가를 '정중앙에 놓으려는 경향'을 보인다. 물리적 중심이든, 시선의 중심이든, 기능의 중심이든 간에. 이 도시는 실내에서 끊임없이 좌표를 찍고, 시선을 정렬하며, 에너지를 고정하려 한다. 이러한 중심 만들기는 단지 인테리어 취향의 문제가 아니다. 그것은 불안한 외부 환경에 대한 대응이자, 내면의 질서를 확보하려는 심리적 시도다. 외부 세계가 너무 빠르고 변화무쌍하기에, 사람들은 실내만큼은 예측 가능하고 안정적이기를 바란다. 그래서 중심을 세우는 것이다. 중심은 우리에게 '이곳이 나의 자리'라는 감각, '이것만은 흔들리지 않는다'라는 안도감을 준다. 중심은 시각적 질서뿐 아니라 감정의 방향까지도 정리한다. 현관은 외부의 복잡함을 걸러내고, 식탁 위의 조명은 관계가 머무는 자리를 밝히며, 붙박이장은 뒤엉킨 삶의 자취를 감추어 평온을 만든다. 이들은 하나같이, 중심이라는 고정점을 통해 사람의 마음을 안정시키고 공간을 하나의 체계로 재구성하는 장치들이다. 우리는 무언가가 정확히 중앙에 놓일 때, 그 아래로 조명이 떨어질 때, 눈에 보이지 않게 정리될 때 비로소 안정을 약속받는 듯한 느낌을 받는다.

현관, 집과 세계 사이의 가장 내밀한 공간

한국식 아파트에서 현관은 단순한 출입구가 아니다. 현관은 집 안으로 들어서는 전환의 공간이자, 외부의 불청결과 낯선 기운을 걸러내는 작은 검문소다. 유럽식 주택에는 이러한 개념이 거의 없다. 문을 열면 곧장 거실이나 계단, 복도로 연결되는 식이다. 하지만 서울에서는 신발을 벗는 지점부터 집이 시작된다. 이 경계 의식에는 실용적일 뿐 아니라, 심리적인 의미도 있다. 바로 '필터링'이다.

현관에는 늘 붙박이 신발장이 자리잡는다. 사람들은 신발이 드러나는 것을 불편해하고, 열었을 때조차 그 안이 정돈되어 있어야 비로소 안심한다. 중문은 내부 공기를 보호하는 경계 장치로 기능하며, 그 안쪽 벽에는 종종 간접조명이 설치된다. 어떤 사람들은 여기에 향 디퓨저까지 놓아, 현관에서부터 공간의 성격을 정의한다.

나는 누군가의 집에 들어설 때면, 현관에서부터 그 사람의 결을 느끼곤 한다. 어떤 집은 단정한 그레이 타일에 은은한 불빛이 깔려 있고, 어떤 집은 줄지어 놓여 있는 밝은색 패브릭 슬리퍼가 명랑하게 인사를 건넨다. 이 작은 공간은 외부 세계와 나 사이에 선을 긋고, 내가 어디까지 허용할 것인지를 보여주는 가장 내밀한 공간이다.

식탁 위의 펜던트 조명—빛으로 중심을 찍는 문화

우리나라에서 실내 조명은 단순히 '밝히는 것' 이상의 의미를 지닌다. 특히 식탁 위로 내려오는 펜던트 조명은 어떤 무언의 선언처럼 보인다. 이 집에서 우리가 모이고, 이야기를 나누며, 식사를 하는 중심은 바로 이 자리라는 메시지.

유럽의 식탁은 자연광과 촛불, 혹은 공간 전체에 은은하게 퍼지는 조명을 쓴다. 뉴욕은 스포트라이트처럼 특정 인물을 강조하는 조명을 선호한다. 반면 서울에서는 식탁 정중앙에 정확히 떨어지는 조명이 가장 사랑받는다. 크기, 높이, 색의 온도 모든 것이 중요하다. 공간이 아무리 작아도 식탁 위 조명 하나쯤은 반드시 별도로 두고 싶어한다. 이 조명은 음식을 보기 위한 것이 아니다. 관계를 묶는 장치로서 기능하는 조명 아래서 우리는 자연스럽게 마주 보고 대화를 나누며, 식사가 끝나도 자리를 쉽게 떠나지 않는다. 펜던트 조명은 말하자면 '빛으로 찍은 관계의 중심점'이다.

이곳에서는 조명을 중심으로 공간이 형성되고, 그 아래 머무름으로써 가족의 태도가 형성된다. 서울의 식탁은 그래서 여전히 중요하다. 혼밥의 시대라고 해도, 식탁을 중심으로 조명을 떨어트리는 방식은 우리 안에 남은 관계 중심적 사고, 공동체적 무의식의 흔적을 보여준다.

붙박이장의 미학 — 감춰야만 안심하는 도시

한국식 인테리어의 가장 두드러진 특징 중 하나는 붙박이장이다. 붙박이장은 벽처럼 존재하며, 보이지 않음으로써 평온을 설계한다. 반면 서양 인테리어에서는 오픈 선반, 책장, 진열장이 공간의 개성을 보여주는 장치가 된다. 사적인 물건, 책, 기념품이 그대로 밖으로 드러나 있다. 그러나 서울에서는 감춰야 평온하다. 키 큰 수납장, 밀착된 패널 도어, 손잡이 없는 매끈한 표면…… 모든 것이 시선과 생활의 흔적을 정리하기 위한 구조다.

붙박이장은 불안을 다루는 방식이기도 하다. 시각적으로 정돈되지 않으면 마음이 불편하다. 이것들을 붙박이장에 집어넣으면 외부인이 와도 '보일 것이 없다'는 안도감을 준다. 감추고 비워야 평화로운 도시. 붙박이장은 통제 가능한 공간이라는 착각을 제공하는 심리적 장치다.

나는 서울 아파트를 볼 때마다 공간이 사람보다 더 잘 정리되어 있다는 인상을 받는다. 모든 것은 제자리에 있고, 벽은 말이 없으며, 사물은 드러나지 않는다. 그 안에서 사람들이 보여주기 위해 (혹은 감추기 위해) 사는 듯한 느낌을 받기도 한다. 붙박이장은 물건을 숨기는 가구가 아니라, 도시의 불안을 감추는 벽이다.

한국의 인테리어는 감각적이고 트렌디하다. 그 안에는 보이는 것보다 더 깊은 태도가 숨겨져 있다. 그것은 바로 공간의 중심을 세우고, 경계를 정리하며, 시선을 통제하려는 마음이다. 바깥이 너무 복잡하고 빠르게 흐르기에, 우리는 실내에서만이라도 균형과 방향을 회복하려 한다. 현관에서 우리는 외부를 걸러내고, 식탁 위 조명 아래에서 관계를 복원하며, 붙박이장 안에서 우리의 복잡함을 정리한다. 한국식 인테리어는 이런 작은 장치들을 통해 집이라는 공간에 중심을 심는다. 그 중심은 도시의 불안 속에서 나를 지키기 위해 설계한 심리적 축이다.

이렇듯 서울의 실내는 기능보다 감정, 장식보다 질서를 먼저 설계한다. 중심을 세우고, 시선을 정리하며, 삶의 흔적을 감추는 이 도시의 공간적 태도는 결국 '보이는 방식'이 아닌 '버티는 방식'에 가깝다. 불확실한 바깥세상에 맞서, 실내는 조용하지만 분명한 확신을 준다—이 안에서는 나만의 중심이 존재한다는. 그리고 그 중심은 단단한 구조물이 아니라, 작은 빛, 조용한 문, 숨겨진 수납장처럼 섬세하고 내밀한 방식으로 자리한다. 서울의 실내는 그렇게 격동의 도시 속에서 안정을 꿈꾸는 사람들을 위해 조심스럽게 균형을 잡아주는 공간이 된다.

벽난로는
감정의 중심이다

따뜻함의 구조적 배치

런던에서 처음 집을 구할 때, 중개인이 보여준 타운하우스에는 어김없이 벽난로가 있었다. 때로는 방마다 하나씩. 거실, 침실, 심지어 욕실 구석에도 작고 낡은 벽난로가 벽에 파묻혀 있었다. 처음엔 웃음이 났다. 중앙난방이 보편화된 지가 언젠데, 왜 아직도 이렇게 많은 벽난로가 남아 있을까? 그러나 곧 겨울을 통과하며 그 질문의 답을 알 수 있었다.

런던은 습하다. 한국의 겨울과 달리, 바람이 들어오고 습기가 빠져나가지 않으면 벽이 눅눅해지고 몸은 더 시렸다. 벽난로는 방을 데우는 시설이라기보다 그 눅눅함을 걷어내는 장치였다. 한데 그 역할이 사라진 뒤에도 벽난로는 집에 남았다. 영국 사람답게 굳이 떼어내지 않고 그대로 둔 벽난로 앞으로 언제나처럼 의자가 놓이고, 장식이 얹히고, 이야기가 쌓였다. 원하면 당장이라도 다시 불을 피울 수 있을 것처럼. 벽난로는 그렇게 불을 피우는 장치이기 전에 사람을 모으는 구조가 되었다. 불이 꺼져 있어도 그 앞은 늘 비워져 있다. 그 빈자리가 결국 집의 중심이 되었다는 걸, 나도 이곳에 살며 조금씩 알게 되었다.

런던에서 처음 겨울을 맞았을 때, 나는 벽난로 앞에서 하루를 시작하고 끝내는 사람들을 보며 놀랐다. 서울에서의 겨울 아침은 온수 보일러의 미지근한 열기로 몸을 깨우는 시간이었고, 뉴욕에서의 겨울은 히터 소음과 함께 시작되었다. 하지만 런던의 아침은 달랐다. 어딜 가든 불길이 타닥타닥 타오르며 흔들리는 소리가 먼저 들렸다. 퇴근 후 맥주잔을 기울이는 동네 펍에서도, 힙한 호텔 로비에서도, 친구네 집 거실에서도. 벽난로 앞에 앉아 신문을 읽는 사람, 불을 향해 조용히 커피잔을 드는 사람. 그 풍경은 한 도시의 생활 풍경이라기보다 마치 오래된 회화 속 장면처럼 느껴졌다.

영국에서 벽난로는 단순한 난방 장치 이상의 의미를 가진다. 18세기 이후 조지시대, 빅토리아시대에 이르기까지 벽난로는 각 방의 중심 기능으로 설계되었다. 석탄을 연료로 하는 난방 구조가 발달하면서, 런던의 집들에서는 방마다 벽난로를 두는 것이 일반화되었다. 하지만 난방 기술의 발달로 기능적 필요가 사라진 뒤에도, 벽난로는 여전히 집의 중심으로 남았다. 그것이 난방이라는 기능을 넘어, 권위와 안정, 감정의 중심을 상징하는 구조가 되었기 때문이다.

켄싱턴궁전과 셜록 홈스의 방

런던에서 벽난로의 의미를 가장 극적으로 보여주는 두 공간을 예로 들자면, 하나는 켄싱턴궁전의 '왕의 접견실The King's State Apartments'이고, 다른 하나는 베이커 스트리트 221B의 셜록 홈스

145

의 방일 것이다. 켄싱턴궁의 왕의 접견실에 놓인 벽난로는 바로크·조지안 시대 왕실 미학의 전환을 가장 압축적으로 보여준다. 이 벽난로는 과시적 스케일 대신 절제된 장식과 정확한 비례를 택하며, 권위를 크게 '보여주기'보다 이미 확립된 질서로 '전제'한다. 크기는 인간적이되 중심성은 잃지 않아, 의전의 배경이자 선택된 친밀성이 허용되는 자리로 기능한다. 벽난로 앞에서의 따뜻함은 무차별적 환대가 아니라 접근이 통제된 관계의 신호이며, 불은 더이상 지배를 선언하지 않고 체류와 대화를 유도한다. 왕의 공간이 공적 무대에서 사적 영역으로 이동하면서 벽난로가 작아졌다는 사실은, 권위의 약화가 아니라 권력이 더 조용하고 정교한 방식으로 작동하기 시작했음을 말해준다.

한편 현존하는 역사 속 공간은 아니지만 대중문화에서 가장 상징적인 곳을 꼽으라면 셜록 홈스의 집, 베이커스트리트 221B의 벽난로일 것이다. 소설 속 가상의 공간이지만, 너무도 생생하게 그려져 현실이 되어버린 장소. 이곳의 벽난로는 언제나 홈스의 암체어 앞에 자리하며 그의 추리와 사색의 무대가 된다. 벽난로 위의 맨틀피스는 작은 갤러리처럼 쓰인다. 가족사진, 골동품 시계, 촛대, 계절마다 바뀌는 리스. 하지만 그 어떤 장식도 벽난로의 중심성을 방해하지 않는다. 장식은 늘 그 중심을 보완하는 역할을 할 뿐이다. 벽난로가 꺼져 있어도, 그 앞에 앉아 있노라면 이상하게 마음이 편안해진다. 마치 그 공간이 '여기는 너를 위해 준비된 자리'라고 말해주는 것 같다. 소설에서도, 영화나 드라마에서도, 홈스는 늘 이 벽난로 앞에 앉아 파이프를 물고 사건을 풀어간다. 이 공간이 수많은 작품에서 거듭 그려지는 이유도 여기에 있다. 벽난로는 단순한 배경이 아니라, 셜록 홈스라는 캐릭터의 정체성을 상징하는 구조물인 셈이다. 그 앞에 앉아 있는 모습만으로도, 그는 세상 모든 미스터리를 풀어낼 준비가 된 사람처럼 보인다. 벽난로는 지성, 사색, 그리고 빅토리아시대의 안락함과 미스터리를 동시에 담아낸다.

장식이 아닌 권력의 상징

하루는 런던에서 친구의 초대로 처음 아츠 클럽Arts Club을 방문하게 되었다. 1863년 설립된 이 클럽은 오랫동안 예술가, 작가, 음악가, 디자이너 등 영향력 있는 창작자들이 모이는 곳으로, 런던에서도 손꼽히는 명망 있는 사교 클럽이다. 사회적 지위가 충분히 검증된 사람만 들어올 수 있는 이곳은 입구부터 고요한 공기가 감돌았다. 리셉션 뒤에는 클럽 로고가 새겨진 벨벳 장식이 은은하게 빛나고 있었다.

하지만 내 시선을 사로잡은 것은 화려한 예술작품도, 현대적으로 레너베이션된 가구 배치도 아니었다. 그것은 살롱 한가운데 자리한 오래된 벽난로였다. 불은 꺼져 있었지만, 벽난로 앞에 둥글게 배치된 암체어들은 여전히 그곳을 향하고 있었다. 사람들은 창 쪽으로 시선을 돌리기보다, 불길이 사라진 자리에서조차 묘하게 따뜻한 기운을 풍기는 벽난로 앞에 앉아 조용히 대화를 나누었다. 벽난로를 중심으로 뻗어나가는 듯 앉게 되는 그곳에서 나는 깨달았다. 이 클럽에서 벽난로는 단순한 난방 구조물이 아니라, 전통과 품위를 상징하는 구조적 배치이자 사고의 중심으로 자리하고 있다는 걸. 그렇게 벽난로는 이 클럽의 터줏대감 역할을 착실히 해내고 있는 듯했다. 거의 모든 런던의 프라이빗 멤버스 클럽에서 벽난로는 늘 공간의 중심에 배치된다. 그 앞자리는 자연스럽게 대화를 위한 자리, 사색의 자리, 혹은 조용히 신문을 읽는 자리가 된다. 가장 프라이빗한 공간일수록, 그리고 가장 중요한 의사결정이 이루어지는 자리일수록, 벽난로는 더욱 웅장하고 섬세한 형태로 존재한다.

벽난로는 런던에서 언제나 공간의 중심에 자리한다. 모든 가구가 벽난로를 향해 배치되고, 사람들은 벽난로를 등지고 앉는 법이 없이 자연스럽게 그 앞에 모여든다. 마치 왕좌처럼 방 안의 권위를 상징하지만, 벽난로가 상징하는 권위는 차갑지 않다. 불이라는 가장 원초적이고 따뜻한 에너지가 중심에 있기 때문이다. 그래서 런던의 전통 타운하우스에 들어서면, 벽난로가 품고 있는 따뜻함이 단순한 온도 이상의 감각으로 다가온다. 켄싱턴궁전의 왕의 접견실 벽난로처럼 권력과 환대의 상징이 되기도 하고, 셜록 홈스의 벽난로처럼 이야기를 만들어내는 무대가 되기도 하며, 프라이빗 클럽의 벽난로처럼 전통과 품위, 사교의 중심으로 존재하기도 한다. 하지만 어떤 맥락이든 공통된 사실은, 벽난로가 공간의 태도를 드러낸다는 것이다. 벽난로는 장식이 아니라, 공간이 사람들을 모이게 하고 이야기를 시작하게 하는 구실이다. 집이든, 클럽이든, 혹은 궁전이든, 벽난로가 있는 곳에는 늘 사람의 온기와 시선이 머무른다.

조용한 삶의 동선들

무심한 파리 주방에서

파리의 주방은 늘 무심해 보인다. 뉴욕의 주방이 기능을 과시하고, 서울의 주방이 정리정돈의 미덕을 강조한다면, 파리의 주방은 마치 아무것도 하지 않는 듯하다. 대학 시절 교환학생으로 파리에 머물며, 몇 주에 걸쳐 집을 구하러 다니던 나는 한 가지 재미있는 발견을 했다. 집집마다 부엌이 거실이나 침실 공간에 비해 너무나 소박하다는 것.

최종적으로 선택한 몽마르트의 오래된 집에 들어섰을 때, 가장 먼저 눈에 띈 것은 공간에 비해 너무 작은 전기 스토브였다. 소박한 조리대와 무심히 놓인 주방 도구들, 거실에서 볼 수 있던 화려한 장식적 요소는 단 한 점도 없었다. 대신 매트한 스톤 싱크대 위에는 은은하게 스며든 물때가 있었고, 벗겨진 타일 사이로는 시멘트 라인이 그대로 드러나 있었다. 그러나 그 무심함은 방치된 지저분함 아니었다. 그것은 공간과 사람이 오랜 시간 공존하며 만들어낸 흔적, 곧 생활의 리듬이 형성한 간결함이었다.

음식하는 걸 좋아하는 나는 파리에 정착한 지 얼마 되지 않았을 때, 프랑스 친구들을 집으로 초대한 적이 있다. 김밥과 떡볶이를 준비했는데, 손바닥만 한 주방에서 얼마나 부산을 떨었는지 모른다. 그때 놀라웠던 건 그 좁은 공간에 친구들이 모두 들어와, 내가 요리하는 모습을 지켜보며 자연스럽게 대화를 이어갔다는 사실이다. 누구도 거실로 물러나 있지 않았다. 그들은 조리대 옆에 기대거나 서서 소스가 끓는 소리를 들으며 이야기를 나눴다. 그때 처음 알았다. 파리 사람들에게 주방은 음식을 만드는 곳이면서 사람을 초대하는 공간이라는 것을.

프랑스식 미니멀니즘

프랑스식 주방의 미학은 '과하지 않음'에서 출발한다. 필요한 것만 두고, 필요하지 않은 것은 들이지 않기. 물론 그 '필요한 것'의 기준도 다르다. 냄비가 걸린 철제 봉, 빛바랜 목재 선반, 벽돌을 드러낸 한쪽 벽. 모두 인테리어를 위한 장식이 아니라, 실제 이것들을 사용한 결과다. 싱크대 위에는 항상 몇 개의 머그잔과 칼, 잘 쓰이는 나무 도마가 올려져 있다. 사람들은 도마를 물기 닦아 서랍 속에 넣지 않는다. 삶의 리듬을 방해하지 않기 위해서다. 마치 주방의 본질은 숨김이 아니라 드러냄에 있다는 듯이.

"기능이 곧 아름다움이다." 이 말을 실현한 20세기 건축의 시인 르 코르뷔지에는 공간과 삶의 관계를 치밀하게 설계한 '삶의 디자이너'였다. 그가 만든 아파트먼트아틀리에 르 코르뷔지에 Appartement-Atelier Le Corbusier 주방은 파리 16구에 자리한다. 그의 주방은 매트 블랙과 스틸, 컬러 블록의 조합으로 완성된다. 산업적이면서 미니멀한, 초현대적 키친의 원형 같은 공간이다. 이곳에는 과장된 장식이 없고, 손 닿는 곳에 필요한 것만 존재한다. 도마를 세워두는 매트 블랙 스틸 구조, 벽걸이 수납의 기하학적 배열, 그 아래 놓인 차가운 스틸 싱크대. 이 공간은 한 사람의 아침 커피와 빵을 위한 최소한의 구조이지만, 동시에 무한한 영감을 만들어내는 실험실 같기도 하다. 르 코르뷔지에는 기능이 곧 디자인이라 믿었고, 그의 주방은 그 믿음의 결정체였다.

한편, 조제프 디랑의 파리 아파트 키친은 같은 미니멀이라도 결이 사뭇 다르다. 『아키텍추럴 다이제스트Architectural Digest』가 "세계에서 가장 아름다운 주방 중 하나"라 극찬한 이 공간은, 베이지 스톤 카운터톱과 매트 블랙 가구, 브론즈 수전, 라이트 오크 선반이 절묘하게 조화를 이룬다. 브론즈의 온기, 대리석의 묵직함, 목재의 따뜻함이 층층이 쌓이며, 극도로 절제된 프렌치 미니멀리즘을 완성한다. 한쪽 벽면에는 장식 없이 오픈 선반만 길게 설치되어 있고, 그 위에 놓인 유리잔과 세라믹 볼, 스테인리스 소스팬 들은 창밖에서 들어온 빛을 은은하게 반사한다. 디랑의 키친 앞에 서면, 이곳이 단순한 주방 이상의 공간임을 느낄 수 있다. 그의 주방은 요리를 위한 장소이자, 동시에 삶의 구조를 설명하는 하나의 문장과 같다.

하지만 파리의 주방이 언제나 이렇게 정제되어 있는 것은 아니다. 어떤 공간은 찬장이 약간 기울어 있고, 선반은 좌우 대칭이 아니며, 조리 도구의 재질도 제각각이다. 그러나 그 불균형 속에는 일상의 편안함이 깃들어 있다. 모든 것이 같지 않기에, 오히려 사람과 공간 사이에 유연한 관계가 생긴다. 정돈된 미학이 아니라, 살아 있는 구성. 파리의 주방은 그렇게 사람의 삶을 닮아간다. 완벽하지 않아도 충분한 공간. 그것이야말로, 이 도시가 공간을, 그리고 사람을 대하는 가장 깊은 태도일지 모른다.

프랑스 주방의 구조는 매우 단순하다. 상부장이 없는 경우가 많고, 상부장이 있다 해도 문을 달지 않는다. 오픈 선반 위에 놓인 유리컵과 그릇 들은 색도 크기도 제각각이지만, 이상하게도 지저분해 보이지 않는다. 쓰는 사람의 손길이 그 배열에 자연스러운 질서를 부여하기 때문이다. 이 질서는 한국 주방처럼 각진 수납 용기에 스티커를 붙여 분류하는 방식이 아니다. 손이 가장 자주 닿는 위치, 빛이 가장 많이 드는 자리, 물이 튀어도 상관없는 벽 앞. 이 배치는 동선과 리듬, 몸의 높이와 시선의 흐름이 만들어낸 살아 있는 질서다.

프랑스인 친구의 집에 식사 초대를 받아 놀러간 적이 있다. 그는 주방에서 요리를 하는 내내 나와 눈을 맞추고 대화를 이어갔다. 칼을 잡고 다진 파를 팬에 넣으면서도, 스토브 앞에서 소스를 저으면서도, 그는 주방을 떠나지 않는 나에게 "의자에 앉아, 계속 얘기해줘"라고 말했다. 한국에서라면, 요리하는 사람과 대화하는 사람 사이에 '방해하지 않음'이라는 예의가 존재했을 것이다. 하지만 파리의 주방에서는, 요리가 완성되는 시간보다 함께 있는 시간이 더 중요하다. 조리 공간의 구조가 그렇게 설계되어 있다. 벽에 붙은 좁은 조리대, 그 앞에 있는 긴 나무 테이블, 그리고 그 테이블 끝에 놓인 와인잔. 그렇게 요리와 대화와 식사가 한 공간에서 자연스레 이어진다.

뉴욕의 주방이 기능의 집약이라면, 파리의 주방은 관계에서 생겨나는 공기의 밀도에 가깝다. 화려하지 않지만 그래서 오히려 시간이 잘 스며든다. 싱크대의 잔흠집, 조리대 위의 칼자국, 회벽에 남은 소스의 흔적까지—이곳에서는 삶의 자취를 굳이 지우지 않는다. 그 느슨한 솔직함이 이 도시의 태도와 닮아 있다.

완벽하게 정돈되어 있지 않아도 어수선하지 않다. 냄비가 끓는 동안 누군가는 와인을 따르고, 누군가는 의자에 기대어 대화를 이어간다. 조리 공간은 일하는 자리이면서 동시에 머무는 자리다. 테이블은 식탁을 넘어 관계가 이어지는 지점이 되고, 스토브 앞은 고립된 동선이 아니라 사람을 자연스럽게 끌어들이는 중심이 된다. 그래서 이곳의 주방은 기능이나 미감보다 사람 사이의 리듬을 담는다. 그 솔직한 태도가, 이 도시의 느린 감정과 조용하고 무심한 환대를 설명하는 것은 아닐까.

런던 그레이

공간의 공기와
구조를 닮은 색

도시마다 떠오르는 색이 있다. 그 색은 단지 시각적인 인상만이 아니라, 그 도시의 공기, 재료, 건축, 빛의 각도, 사람들의 태도를 반영한다. 가령, 파리를 대표하는 색은 단연 베이지다. 그 따뜻하고 부드러운 색감은 단순한 미적 선택이 아니라, 도시의 지질에서 비롯된 물질적 근거를 갖고 있다. 파리의 건축물 대부분은 센강 주변에서 채석된 석회암(뤼테시앵 석회암calcaire lutécien), 일명 '피에르 드 파리Pierre de Paris'로 지어졌다. 이 석회암은 크림색이 감도는 독특한 베이지색을 띠며, 수 세기 동안 노트르담대성당, 팡테옹, 루브르궁전과 같은 상징적 건축물부터 수많은 주거 건물의 파사드에 이르기까지 도시 전역의 건축물에 사용되었다. 그 베이지는 단순한 표면의 색이 아니라, 땅에서 건축으로 이어진 시간의 지층이며, 파리라는 도시의 역사와 깊이를 말없이 증명해주는 배경색이다.

한편 뉴욕을 대표하는 색은 블랙이다. 강철, 유리, 아스팔트 거리, 고층 빌딩의 메탈 파사드. 이 도시의 표면은 언제나 단단하고 명확하다. 블랙은 단순히 가장 어두운 무채색이 아니라, 뉴욕이라는 도시의 에너지와 권력, 그리고 긴장감이 농축된 색이다. 빛을 반사하기보다는 흡수하는 재료들, 차가운 금속과 어두운 유리로 뒤덮인 마천루, 날렵한 실루엣의 검은 옷을 입은 사람들, 조도를 절제한 레스토랑과 호텔의 로비까지—이 도시의 미학은 블랙을 중심으로 돌아간다.

파리가 시간의 결이 살아 있는 석회암의 베이지, 뉴욕이 강렬한 선과 대조로 이루어진 블랙의 도시라면, 이 둘과는 결이 다른 런던은 어떤 색을 품고 있을까? 나는 주저 없이 '그레이'라고 답할 것이다. 이는 만져지는 건축물이나 인프라가 회색이라는 뜻이 아니다. 런던의 그레이는 공기의 색이고, 안개의 색이다. 흐리고 축축한 날씨가 조성한 무겁고 습한 공기, 템스강이 비를 머금고 보여주는 불투명함. 여기에 낮게 깔린 스모그마저 이 도시의 그레이를 조색한다.

런던의 그레이는 기계적이거나 차갑지 않다. 오히려 따뜻한 톤을 품고 있어, 회색임에도 불구하고 공간을 건조하게 만들지 않는다. 같은 무채색인 뉴욕의 블랙이 산업적이면서 강철 같은 차가움을 보여준다면, 런던의 그레이는 습기를 머금은 빛 때문에 차라리 포근하게 느껴진다고 할까. 자주 내리는 비 때문인지 빛의 각도와 시간, 구름의 밀도에 따라 그레이는 하루에도 수십 번 표정을 바꾼다. 아침의 그레이는 연하고 흐리며, 오후의 그레이는 베이지를 품은 듯 부드럽고, 저녁의 그레이는 네이비와 블랙이 살짝 스며든 것처럼 묵직하다.

이러한 런던의 다면적 그레이는 외부 공간에만 국한되지 않는다. 런던의 실내에서 그레이는 단순히 표면을 덮는 색이 아니라, 공간의 공기를 설계하는 입체적이고 복합적인 색이다. 벽과

155

몰딩, 천장, 캐비닛, 소파 패브릭까지—런던의 공간은 그레이가 기본으로 깔려 있는 까닭에 어떤 색을 얹어도 과하지 않고, 어떤 패턴을 더해도 어지럽지 않다. 런던의 그레이는 이곳에 사는 사람들의 성향을 담은 절제의 색이다. 지나치게 주목받지 않으면서도, 공간 전체의 구조를 단단하게 묶는 색. 그레이가 없는 런던을 상상할 수 있을까? 이 도시의 공기와 질서를 닮은 조용한 색, 묵직하지만 결코 무겁지 않은 색—그것이 바로 런던의 그레이다.

런던 그레이의 스펙트럼

그레이는 단순히 흰색과 검은색의 중간이 아니다. 그 안에 어떤 색조가 얼마나 섞였는지에 따라 수백 가지 변주가 가능하며, 이 변주를 통해 공간에 전혀 다른 정서를 만들어낼 수 있다. 일반적으로 회색은 웜 그레이warm gray, 쿨 그레이cool gray, 뉴트럴 그레이neutral gray 등 세 가지로 나뉜다. 브라운이나 베이지 톤이 섞인 웜 그레이는 공간을 따뜻하고 차분하게 만들고, 블루나 그린 계열이 섞인 쿨 그레이는 세련되고 절제된 분위기를 자아낸다. 중간값에 가까운 뉴트럴 그레이는 어떤 스타일에도 자연스럽게 스며들며, 가장 기본적인 배경색으로 기능한다.

하지만 그레이의 진정한 매력은 바로 중간색들이 만들어내는 감각적 '표정'에 있다. 예를 들어, 그래파이트(흑연) 그레이graphite gray는 연필심처럼 묵직하고 매트한 질감을 떠올리게 한다. 산업적이면서도 진중한 톤으로, 금속적이지만 차갑지 않은 중후함을 지닌다. 주로 남성적인 공간이나 도시적 인상을 주는 데 적합하다. 퓨터(백랍) 그레이pewter gray는 납에서 이름을 따온 색으로, 약간의 광택과 따뜻함을 지닌 회색이다. 은은한 반사광이 클래식한 분위기, 앤티크 가구, 장식적인 금속 소재와 잘 어울린다. 마지막으로 차콜 그레이charcoal gray는 숯에서 비롯된 짙은 회색으로, 블랙에 가까울 만큼 깊지만 검은색보다는 부드럽다. 강렬하지만 공격적이지 않은 색으로, 공간에 무게를 더하며 조명에 따라 고요함과 긴장을 동시에 품는다.

그 수많은 회색—웜 그레이, 쿨 그레이, 블루 그레이, 라벤더 그레이, 그리고 그래파이트, 퓨터, 차콜까지—을 가장 정제된 방식으로 이해하며 품을 수 있는 도시는 단연 런던이다. 그 이유는 단순하다. 런던은 회색이 만들어낸 도시이기 때문이다. 하늘은 자주 흐리고, 거리는 안개에 휩싸이며, 돌담과 스모그는 도시에 묵직한 필터를 드리운다. 그래서 런던의 그레이는 기후의 색이고, 건축의 색이며, 공기의 질감이다.

이 도시 사람들은 회색을 선택하는 것이 아니라, 회색 속에서 살아간다. 패로 앤드 볼Farrow & Ball이나 리틀 그린Little Greene 같은 런던의 전통 페인트 브랜드들이 회색을 수십 가지로 쪼개어 이름 붙이는 이유도 거기에 있다. 그들은 그레이가 단순한 중립색이 아니라, 감정을 머금은 색조의 언어라는 걸 알고 있다. 날씨에 따라 달라지고, 시간대에 따라 깊이가 바뀌며, 조명 아래서 다양한 표정을 짓는 그레이. 런던은 이 회색의 모든 결을 감지해내는 도시다. 그래서 그레이를 가장 잘 이해하는 도시는 런던이고, 그레이를 가장 섬세하게 다룰 수 있는 감각도 이 도시의 축축한 돌바닥과 낮은 하늘 아래서 형성된다.

공간의 태도는 가구 배치나 재료의 질감에서만 드러나는 게 아니다. 그것이 가장 노골적이고도 섬세하게 드러나는 건 다름 아닌 색채 선택. 파리의 베이지가 피부와 같은 관능과 유혹의 태도를 보여준다면, 뉴욕의 블랙은 선언적이고 강렬한 태도를 보여준다. 그리고 런던의 그레이는 절제된 품격이라는 태도를 대변한다.

색의 역할이란 결국 이것이다. 공간의 구조가 말투를 결정한다면, 색은 그 공간의 태도를 완성한다. 그레이로 칠해진 런던의 벽, 타운하우스 몰딩, 창틀은 그 공간이 어떤 존재로 서 있고, 어떤 감정으로 사람을 맞이할지를 결정하는 마감이다. 그레이는 공간에 부드러움과 안정감을 불어넣는 동시에, 고전적 품격과 정돈된 우아함을 담아낸다. 튀지 않되 정중함이 묻어나는 색. 그 담담한 존재감 속에서 런던은 색을 통해 공간의 태도와 질서를 설계하고 있음을 이야기한다. 우리는 그 다양한 회색 안에서 깨닫는다. 색은 공간을 구성하는 기본 정서이자 공기처럼 깔려 있는 태도의 바탕이라는 것을.

그러니까, 런던의 그레이는 그 색이 대변하는 런던 사람들의 '존재 방식'이라 할 수 있다. 조용하고 절제되어 있지만 결코 밋밋하지 않은. 외치지 않아도 깊이 있고, 나서지 않아도 품격이 느껴지는 이 도시의 회색은 삶의 리듬과 닮아 있다. 날마다 흐린 하늘 아래에서 조금씩 변주되는 그레이처럼, 런던의 공간도 크고 급격한 변화보다는 묵직한 일관성 위에 쌓아올린 미세한 차이를 존중한다. 회색은 숨는 색이 아니라, 스며드는 색이다. 런던은 그렇게 회색으로 공간을 설계하고, 사람들은 그 안에서 회색을 닮은 태도로 살아간다.

색을 비우는 도시,
서울

절제된 색감,
무채색의 태도

"서울의 집들은 왜 다 비슷해 보이지?" 결혼한 친구의 집들이에 참석한 외국인 친구가 고개를 갸웃하며 말했다. 나는 웃었다. 부정할 수 없는 사실이었으니까. 서울의 주거 공간은 놀라울 만큼 닮아 있다. 회색 몰딩, 베이지 커튼, 화이트 벽지, 연한 우드 플로어. 어느 집에 가도 크게 다르지 않다.

고급의 기본값은 무채색이다. 디자이너는 달라도 톤은 놀랍도록 합의된 것처럼 보인다. 마치 보이지 않는 색채 협약이라도 맺은 듯이. 서울에서 고급은 강하게 말하지 않는다. 눈에 띄기보다는 불편하게 하지 않는 쪽을 택한다. 튀지 않는 것이 세련됨이고, 정돈된 톤이 예의가 된다.

색은 감정을 드러내지만, 서울의 주거 공간은 오히려 감정을 조용히 감춘다. 서울에서 무채색은 단순한 인테리어 트렌드가 아니다. 그것은 이 도시가 감정을 사용하는 방식이며, 심리적 생존 전략이기도 하다.

서울의 상업 공간들 또한 놀랍도록 닮아 있다. 도산공원의 패션 브랜드 쇼룸부터 성수동의 카페, 한남동의 베이커리, 백화점 내 뷰티 편집숍까지—고급스러운 공간일수록 그 일률성은 더하다. 벽은 베이지이고, 마감은 그레이이며, 조명은 따뜻한 톤으로 조정되어 있다. 그런 공간들에 처음 들어섰을 때 받는 인상은 늘 동일하다. '조용하고 고급스럽다.' 서울의 실내 공간은 색을 말하지 않는다. 정확히 말하면, 말하지 않음으로써 말하는 법을 택한다. 이 무채색의 풍경은 단순히 유행을 따르는 것도, 실용성을 추구하는 것도 아니다. 이것은 '말을 아끼는 것이 멋이다'라는 한국적인 태도인 동시에, 색채에 대한 사회적 코드의 반영이다.

한국식 조용한 미감의 배경에는 일본의 영향이 짙게 깔려 있는 듯하다. 2000년대 이후, 무인양품MUJI과 일본 건축가들의 미니멀리즘은 이곳의 인테리어에 깊은 흔적을 남겼다. 고요한 베이지, 정제된 콘크리트, 노출 천장과 흰색 벽, 은은한 조명. 공간이 말을 걸지 않을 때, 사람은 더 오래 머물게 된다는 철학. 서울은 그 철학을 더 심리적이고 실용적인 방식으로 흡수했다. 일본이 '비움'의 미학을 강조했다면, 서울은 '감추는 질서'로 공간을 해석한다. 색을 줄이는 것은 취향이라기보다 일종의 위장 전술에 가깝다. 너무 튀지 않기, 과하게 드러내지 않기, 똑같이 보이기. 그 안에 숨어 있는 긴장감과 단정함—그것이 지금 서울의 고급스러움이다. 색을 줄이는 것은 취향이라기보다, 정서의 표현이다.

흑과 백, 무채색의 격조

하지만 서울의 공간에서 무채색이 유독 강하게 나타나는 이유를 단순히 글로벌 미니멀리즘 트렌드나 일본 디자인의 영향만으로 설명하는 건 충분하지 않다. 우리는 오랜 시간 흑과 백을 특별하게 다뤄온 문화적 기억을 공유한다.

그것은 미적 판단이기보다, 때로 생존을 위한 감각이었다. 조선시대 유교 사회에서 흰색은 절제와 정결의 상징이었다. '백의민족'이라는 말처럼, 한국인은 오랫동안 흰옷을 일상적으로 입어왔다. 하지만 그 흰색은 밝음과 기쁨을 표현하는 색이라기보다 비움과 금기의 색일 때가 많았다. 기쁨도 슬픔도 속으로 품으며, 자신을 드러내지 않기 위한 색. 검은색과 흰색은 모두 감정을 밖으로 표출하지 않고 감내하는 정서 구조와 연결되어 있다. 일제강점기와 한국전쟁, 산업화, 외환위기를 거치며 한국 사회는 눈에 띄지 않는 것을 안전하게 여기는 감각을 더욱 깊게 내면화했다.

색은 권력의 상징이었다. 잘못된 표현은 위험이 되었고, 눈에 띈다는 것은 언제나 군중 속에서 표적이 되는 일이었다. 그래서 우리는 공간에서도 색을 줄인다. 컬러풀한 공간은 유쾌하지만, 오래 머물면 피곤하다. 무채색을 택하는 것은 단지 고급스러워서가 아니라, 그것이 정서를 방해하지 않아서다. 그렇게 한국의 무채색 미감은 사적 공간의 보호막에서 공적 공간의 코드로 확장되었다. 아파트뿐 아니라 갤러리, 백화점, 미술관, 병원, 카페, 공공기관 로비까지. 이곳들은 색을 덜어냄으로써 감정을 중립화하고, 시선을 통제하며, 방문객의 마음을 안정시키는 공간이 되고자 한다. 무채색은 불특정 다수에게 안전한 선택인 동시에 어떤 집단적 미학을 반영한다. 한국은 '다르지 않음'을 통해 갈등을 미리 예방하고, '절제된 미감'을 통해 의도를 감춘다. 그 말없음이 때로는 격조 높은 여백이 되고, 때로는 위험과 피로를 피할 익명성이 되기도 한다.

눈에 띄지 않기 위한 색

우리집에서 그리 멀지 않은 한남동 수입 가구 쇼룸이나 뷰티 브랜드 플래그십스토어를 떠올려본다. 누드 톤의 벽, 흐릿한 석재 바닥, 매트한 골드 프레임, 오크색 우드, 크림 컬러 천장의 곡선. 어느 공간을 가더라도 이 팔레트는 크게 다르지 않다. 디자이너는 달라도 톤은 같다. 이런 동기화된 색감은 마치 '고급은 이런 것'이라는 도식처럼 공유되는 듯하다. 고급스러움과 예의를 가장 중시하는 공간들이 즐비한 곳, 서울. 말하자면, 이곳은 자신을 드러내는 방식이 아니라, 불편하게 하지 않는 방식으로 멋을 표현하는 도시가 아닐까 하는 생각이 든다.

이런 색채 미감은 서양의 상업 공간이 내보이는 미감과는 사뭇 다르다. 뉴욕의 브랜드 매장은 시선을 붙잡기 위해 과감한 원색과 텍스처를 쓴다. 파리의 갤러리 쇼룸은 비정형적 구조와 강한 컬러 블록으로 개성을 선언한다. 런던의 카페들은 녹색 몰딩, 자주색 의자, 핑크색 벽지 같은 예기치 못한 색 조합을 통해 익살과 유머를 연출한다. 그러나 서울에서는 그레이가 기본, 베이지는 안전, 화이트는 신뢰의 색으로 통한다. 색을 드러내는 대신, 톤을 맞추는 것이 미덕이다. 이는 디자이너의 취향이 아니라, 사회적 기대값에 가깝다. 같은 팔레트로 칠해진 공간들은 서로를 방해하지 않고, 소비자의 불안을 자극하지도 않는다.

그렇다고 해서 서울의 공간이 무채색만으로 되어 있어 지루하다는 말은 아니다. 오히려 이 도시는 '톤'이라는 정서적 언어를 사용하는 데 매우 섬세한 태도를 보인다. 0.5톤 밝은 베이지, 웜과 쿨 사이의 중성 톤, 거친 콘크리트의 질감, 스테인리스의 반사율. 이 도시는 채도가 아닌 톤과 밀도로 감정을 표현한다. 그것은 마치 목소리를 높이지 않고도 설득할 수 있다고 말하는 듯이,

공간으로 하여금 침묵 속에서 말하게 한다. 디퓨저의 향, 벽과 바닥의 경계선, 입구의 러그 컬러까지—모두가 한 음계 위에 머물러 있다. 이것은 단지 침묵이 아니라, 침묵을 통한 회복이다.

이렇듯 한국의 공간은 눈에 띄는 것보다 눈에 띄지 않는 것을 더 고민한다. 특히 상업 공간에서조차 색을 절제하는 이유는 과시가 아닌 배려, 유세가 아닌 친절을 강조하기 위해서다. 외국인 디자이너들은 서울의 쇼룸이나 카페를 둘러보며 묻고는 한다. "왜 다들 비슷한 색을 쓰는 거지? 왜 이렇게 똑같지?" 하지만 이것이 단순한 획일성이라고 생각한다면, 공간의 표면만을 본 것이다. 무채색의 미감에는 그보다 더 복잡한 역사적 맥락과 집단적 정서가 깔려 있다. 비슷해야 불안하지 않고, 튀지 않아야 무례하지 않다는 믿음. 서울은 그 믿음을 공유하는 도시다. 이 도시에서 무채색은 단순한 트렌드가 아니라, 사람을 불편하게 하지 않으려는 공간적 태도다. 색이 없는 듯 보일지라도, 그 안에는 오히려 더 많은 감정의 여백이 존재한다.

한국은 오랜 시간 '튀지 않음'을 미덕으로 여겼고, 감정의 절제와 타인과의 거리두기를 미묘하게 공간에 투사해왔다. 절제된 색조는 곧 고급스러움이며, 조용한 조화는 안전함의 징후로 받아들여진다. 말하자면 서울은 색을 줄이는 방식으로 감정을 다스리고, 공간 속 관계의 긴장을 조율하는 도시다.

서울은 지금, 무채색을 통해 스스로를 표현하고 있다. 그것은 감정을 감추기 위한 선택이자, 불필요한 설명을 덜어내는 태도다. 드러내기보다 정돈하고, 튀기보다 조율하며, 공간을 '보이게' 하는 대신 '존재하게' 만드는 미학. 이곳에서 감정은 낮고 조용하게 흐르고, 멋은 과장 없이 축적된다. 그 조용한 격조야말로 서울이 만들어낸 고유한 무채색의 태도다.

PART 4

감각으로의 초대

AN INVITATION TO THE SENSES

향으로 각인되는 공간

기억의 구조이자
도시의 정체성으로서 냄새

후각이 유난히 예민한 나는 공간에 대한 기억을 떠올릴 때 가장 먼저 향을 떠올린다. 감각 중에서도 가장 깊이, 가장 오래 기억된다는 후각. 이 감각이 시각, 촉각, 청각과 어우러져 삼차원의 공간을 완성할 때—특히 그 향이 공간과 완벽히 어우러진다면—그 시너지는 이루 말할 수 없이 커진다. 아무리 인테리어가 멋져도 그곳에서 나는 냄새가 불쾌하다면 좋은 인상을 남길 수 없다. 반대로 평범한 공간이라도 어딘가 비범한 향을 머금고 있다면 그 공간은 왠지 모르게 더 특별하게 느껴진다.

술탄의 앰버와 여왕의 바닐라—파비용 드 라 렌

떠올리기만 해도 코끝에 잔향이 느껴질 만큼, 아니 군침이 돌 만큼 강렬한 인상을 남기는 곳들이 있다. 내게는 파리 플라스

데 보주Place des Vosges에 자리잡은 작은 부티크호텔 파비용 드 라 렌Le Pavillon de la Reine이 그런 곳이다. 플라스 데 보주는 파리 4구 마레에 위치한 고급스러운 광장 중 하나다. 주말이면 이곳에서는 에르메스 실크 스카프를 걸친 멋쟁이 부르주아들이 산책을 하고 분수대 옆에서 커플들이 피크닉을 즐기는 낭만적인 광경이 펼쳐진다. 광장 안 모래 바닥이 깔린 작은 놀이터에서는 귀여운 곱슬머리 아이들이 소꿉장난을 하고 있고 그 옆에서는 한가로워 보이는 여자들이 그 모습을 사랑스럽다는 듯 지켜본다.

고급 부티크, 미술관, 레스토랑으로 둘러싸인 이 광장이 오랜 시간 콧대 높은 파리지앵에게 가장 아름다운 광장으로 각광받는 데는 이유가 있다. 1604년 앙리 4세 때 지어진 이곳은 원래 '플라스 루아얄Place Royale'이라는 이름으로 불렸다. 그때부터 이미 명망 높은 문학 애호가, 미술품 수집가, 패션 마니아 들이 살던 이곳은 프랑스의 국민 작가 빅토르 위고와 콜레트가 거닐던 곳이기도 하다. 이 광장은 사방이 아치형 복도와 붉은 벽돌 건물로 둘러싸여 있는데, 메인이 되는 건물인 파비용 드 라 렌은 '여왕의 파빌리온'이라는 뜻으로 17세기경 이 건물에 살았던 프랑스 여왕 오스트리아의 안Anne d'Authiche의 이름을 따서 지어졌다고 한다. 그래서인지 여왕의 파빌리온이라는 이름 자체에서 뭔가 비밀스러우면서 비범한 분위기가 느껴진다.

이곳은 개인적으로 내게 매우 특별한 장소이기도 하다. 20대 후반, 설레는 마음을 안고 처음 파리로 출장을 갔던 기억이 지금도 생생하다. 그때까지만 해도 아직 코흘리개 디자이너였던 나는 소박한 호텔에 묵어야 했다. 당시에는 직급별로 묵을 수 있는 호텔 군이 나뉘어 있었는데, 파비용 드 라 렌은 시니어 디자이너들만 묵을 수 있는 상급 호텔로, 주니어 디자이너였던 내게는 선망의 장소였다. 언젠가는 나도 이 호텔에서 묵을 수 있는 날이 오겠지, 그런 생각으로 바라만 보던. 화장실이 한 층에 하나밖에 없는 별 세 개짜리 호텔만 전전하다 몇 년 후 진급을 하고 드디어 파비용 드 라 렌에 묵을 수 있는 짬(?)이 생겼을 때의 성취감이란! 그때 느낀 이루 말할 수 없는 행복감은 오랫동안 이 업을 지속해 나갈 힘이 되어주기도 했다.

이곳은 여느 고급 럭셔리 호텔과 달랐다. 조용하고 세련되면서 프랑스 특유의 여유로움과 고고함이 조화롭게 느껴지는 곳이라고나 할까. 부유함을 과시하는 듯 사치스럽고 호화로운 파리 중심부의 5성급 호텔과는 차원이 다른 멋이 이곳엔 있었다. 대놓고 프렌치 클래식 럭셔리를 표방하는 플라자 아테네나 리츠 호텔이 150개가 넘는 객실의 초호화 대저택 느낌이라면, 파비용 드 라 렌은 각기 다른 스타일과 장식을 갖춘 단 쉰여섯 개의 객실로 이루어진 작은 별장 같은 느낌이다. 공유 공간인 리셉션이나 라운지 또한 수용 인원에 걸맞게 조금 더 아담하면서 인간적인 스케일이라, 친밀한 분위기가 자연스레 연출된다. 5성급 호텔에 가면 교과서같이 등장하는 웅장한 8미터 높이 천장에 바카라 크리스털 상들리에는 없지만 나지막한 천고에 노출된 나무 대들보와 여기저기 흩뿌려진 간접 조명들이 주는 특유의 소박하고 솔직한 인테리어는 조용한 럭셔리가 무엇인지를 보여준다.

하지만 내가 이 공간을 정말 특별하다고 느낀 건, 시각적인 아름다움 때문이 아니었다. 로비 문이 열리는 순간, 나를 가장 먼저 감싼 건 눈앞의 장식이 아니라 공기 속에 은은히 스며들어 있는 향이었다.

아케이드 복도 안 숨겨진 대문을 열고 세련미로 무장한 야외 정원을 지나면, 3미터에 이르는 드라마틱한 유리문이 있다. 이 쌍문갑을 열고 호텔 로비에 들어서면 달콤한 바닐라 향, 기름진 앰버 향이 코끝을 어루만진다. 관능적이면서 따뜻함이 느껴지는 바닐라 앰버 향은 메트르 파르퓌메르 에 강티에Maître Parfumeur et Gantier라는, 우리나라 사람들에겐 다소 생소한 브랜드에서 이 호텔을 위해 커스터마이징한 향이다. 바닐라와 육두구, 용연향 노트로 이루어진 이 향은 부드러운 캐시미어와 같이 사람을 감싸는 고급스럽고도 유혹적인 매력을 지녔다. 여기에 고전적이면서도 도발적인 인테리어가 어우러져 있으니, 들어서는 순간 탐닉적인 공간이라는 느낌마저 든다.

로비를 지나면 파비용 드 라 렌의 시그니처 공간인 레드 라이브러리Red Library가 나온다. 중앙 로비를 기준으로 오른쪽 방 한 벽을 책장으로 가득 채운 이곳은, 라이브러리라고 하기엔 얄궂은 책장이 벽 하나를 차지하고 있을 뿐이지만, 그 강렬함은 방의 분위기를 결정 짓기에 부족함이 없다. 반짝거리는 흑빛의 슈퍼하이글로스 우드 선반들이 블러드레드에 가까운 적색 벽에 설치되어 있고, 그 벽을 따라 나열된 선반 하부에는 라인 조명이 프랑스를 대표하는 문학가들의 책을 비추고 있다. 빼곡히 꽂힌 책들 사이사이 놓인 오브제들 또한 적색과 흑색 위주로, 프랑스의 대문호 스탕달의 소설 『적과 흑』을 연상케 한다. 주인공 쥘리앵 소렐의 출세욕을 상징했던 붉은 제복(군인)의 '적'과 그러한 욕망을 억누른 냉정한 전략으로서 검은 사제복(성직자)의 '흑'을 상징하는 색 조합. 너무나 뼛속까지 프랑스적이다.

레드 라이브러리의 맞은편에는 어니스트 바Honest Bar가 위치해 있는 브렉퍼스트 라운지가 있다. 부드러운 촉감의 벨벳 다마스크 벽지를 쓴 고급스럽고 미니멀한 디자인은 예상치 못한 현대적인 느낌을 전달하면서, 빛에 따라 그 윤이 달라 보여 시간을 머금은 듯한 느낌마저 준다. 나는 이곳에서 실제로 파파라치를 피해 몸을 숨긴 록스타와 할리우드 배우, 저명한 극작가와 패션 디자이너를 보았다. 2미터도 안 되는 거리에서 그들과 같은 커피를 나눠 마시는 순간, 지금 이곳에서 그들과 내 삶이 잠시나마 포개어지는 느낌이랄까? 나를 둘러싼 배경 하나하나가 비현실적으로 느껴졌다.

사적이고 은밀한 낭만을 연출한 베드룸은 에펠탑이 내다보이는 방이 부럽지 않다. 원래의 나무 들보를 보존한 침실은 세련되고 절제된 인테리어와 조화를 이룬다. 호화로운 벨벳 침대 옆 탁자 위에는 호텔 이미지가 인쇄된 사랑스러운 포장지에 싸인 다크 초콜릿이 놓여 있다. 초콜릿브라운 카펫 위에는 짙은 보라색 벨벳 소파와 사이드 의자가 놓여 있고, 은은한 독서등은 공간의 깊이를 더한다. 파비용 드 라 렌의 인테리어는 노출된 들보와 앤티크 가구 같은 역사적 디테일에 대리석과 벨벳, 현대미술 작품이 조화를 이루며 고급스럽고 세련된 분위기를 풍긴다. 파리의 역사와 현대적 세련미가 공존하는 이 공간은 술탄의 앰버와 프랑스 왕비 마르고■의 바닐라가 절묘하게 어우러져 감각을 일깨우는 깊은 경험을 선사하는 동시에 친밀하고 우아한 분위기를 만들어낸다.

파비용 드 라 렌은 나에게 파리의 비밀 오아시스로, 남을 의식하지 않고도 공간을 즐길 수 있는 럭셔리 호텔 아지트다. 작은 성의 안주인이 된 듯 머무를 수 있는 매우 특별한 장소랄까. 숨 가쁜 파리 출장중에 잠시 몸과 마음을 재정비하고 싶을 때 나는 이곳 라운지에 와서 마리아주 프레르 차를 한잔 시켜놓고 생각을 정리하곤 한다.

카프카는 집을 나와 호텔에 있을 때 가장 행복해했다고 한다. 수시로 지나다니며 참견하는 가족들을 피할 수 있고 이방인인 채로 작업에 몰두하기 좋아서. 나도 비슷한 이유로 이곳에서

■ 마르그리트 드 발루아 앙리 4세의 첫 왕비로 알렉상드르 뒤마가 소설 『여왕 마르고La Reine Margot』에서 바닐라 향을 통해 그의 관능성, 생의 에너지, 육체적 존재감 등을 상징적으로 극화했다.

작업하길 즐겼다. 홀로 집중하며 작업할 수 있는 미지의 공간.

눈으로 본 공간은 흐려져도, 그곳에서 맡았던 냄새는 오래도록 남아 공간의 빛, 소리, 사람, 그리고 그날의 감정까지 하나의 장면으로 되불러온다. 그렇게 공간은 기억을 남기고, 기억은 냄새로 각인된다. 좁은 골목을 걸을 때마다 코끝을 스치던 버터와 밀가루 향, 마레 지구 빈티지숍에 배어 있던 오래된 가죽과 먼지 냄새, 갤러리와 서점 사이로 스며드는 바닐라와 샌들우드(백단유)의 잔향, 그리고 오토바이가 지나간 골목마다 진동하는 매연 냄새까지. 파리는 시각의 도시이면서, 동시에 후각의 도시다.

파리 골목골목에서 맡을 수 있는 향은 결코 인위적이지 않다. 비가 내린 뒤 돌길 사이사이에 고인 물에서 올라오는 차갑고 축축한 냄새, 18세기 건물 벽에서 배어 나오는 곰팡이와 석회의 매캐한 냄새, 카페 테라스에서 풍겨 오는 담배 연기와 에스프레소가 뒤섞인 공기…… 이 모든 것은 파리라는 도시가 스스로를 숨기지 않고 드러내는 방식이다. 있는 그대로의 재료, 시간, 날씨, 인간의 냄새, 그리고 매연까지 모두 합쳐져 이 도시만의 분위기를, 파리라는 공간의 태도를 만들어낸다.

공간을 지휘하는 향

파리에는 향을 설계하는 공간들도 있다. 수년 전 프랑스 뷰티 브랜드 겔랑Guerlain의 샹젤리제 플래그십스토어의 공간 리뉴얼을 맡은 적이 있다. 겔랑은 200년 가까운 시간 동안 향으로 프랑스적인 우아함을 계승해온 조향의 메종이다. 겔랑 플래그십스토어 프로젝트를 진행하면서 나는 향이 공간을 지배하는 방식을 새롭게 깨달았다. 우리가 설계한 화려한 설치와 금빛 꿀벌, 장인의 공예도 좋았지만, 방문객을 가장 먼저 사로잡는 것은 공기 중에 은은하게 감도는 겔랑만의 향이었다. 문을 여는 순간 코끝을 스치는 앰버리하고 파우더리한 노트는 눈으로 상품을 보기 전 이미 '겔랑'이라는 세계를 완성하고 있었다. 그때 알았다. 향은 장식이 아니라 구조이며, 시각보다 먼저 공간을 설득하는 감각이라는 것을.

겔랑에는 이를 지탱하는 보이지 않는 공식이 있다. 1889년 발매한 지키Jicky부터 미츠코Mitsouko, 샬리마Shalimar로 이어지는 시그니처 어코드, 겔랑드Guerlinade. 바닐라와 아이리스, 통카빈이 만들어내는 그 부드럽고 깊은 잔향은 겔랑 매장 어디에서나 은근히 반복된다. 사람들이 '겔랑 향'이라고 부르는 바로 그 감각이다. 건축으로 치면 눈에 보이지 않지만 공간을 지탱하는 비례 및 구조와 닮았다. 겔랑 매장이 기억되는 이유 역시 시각적 장치가 아니라 공기 중에 흐르는 그 후각적 DNA 덕분이리라.

메트르 파르퓌메르 에 강티에도 그 계보 위에 있다. 파리 2구 플라스 방돔Place Vendôme 인근의 고풍스러운 거리에 자리한 이 브랜드는 1988년 니치 향수의 선구자 장프랑수아 라포르트Jean-François Laporte에 의해 설립되었다. 이곳은 이름 그대로 '향수 장인(maître parfumeur)'과 '장갑 제조자(gantier)'의 전통을 계승하며, 17~18세기 프랑스 귀족들이 즐겼던 '향기 나는 가죽 장갑(gants parfumés)'의 문화를 현대적으로 되살리고 있다. 매장에 들어서면, 진열된 향수보다 먼저 공기가 감각을 사로잡는다. 고전적인 병과 앤티크 가구, 그리고 앰버 향이 진한 향신료 향과 머스크 향, 가죽 냄새와 뒤섞인 묵직한 공기. 이것은 '후각이라는 감각의 유산' 그 자체다. 루이 14세 때 가죽 장갑의 냄새를 감추기 위해 입혔던 향을 기억하는 듯, 이곳의 향은 단지 좋은 냄새를 내기 위해 만들어진다기보다 사라져가는 감각을 오마주하기 위해 조향된 듯하다.∎ 동양적이고, 관능적이며, 동시에 절제된 고전미를 갖춘 향들은 마치 오래된 기억처럼 공간에 스며든다. 아직 한국에서는 거의 알려지지 않은 이 작은 부티크는, 그래서 더 특별하다. 파리의 향기로운 지하 공간 어딘가에 숨겨진, 나만 알고 싶은 향수 가게. 이곳에 들어갔다 나오면 매장에서 보낸 시간이 꽤 지나도 한동안 손끝에 잔향이 남아 있다. 메트르 파르퓌메르 에 강티에는 그렇게 감각에 조용히, 또 깊이 각인된다.

아스티에 드 빌라트Astier de Villatte는 파리 뤼 생토노레rue Saint-Honoré의 한 조용한 골목에서 시작된 브랜드로, 감각의 도시 파리를 가장 파리답게 번역한다. 수도승의 도예 전통을 이어받아 도자기를 만들던 이들은 이후 후각을 포함한 라이프스타일 영역으로까지 사업을 확장했다. 이들은 단순히 향을 만드는 게 아니라 도시의 공기를 향으로 채집한다. 아스티에 드 빌라트의 향초와 인센스는 '좋은 냄새'를 내기 위해 만들어지지 않았다. 도쿄, 부에노스아이레스, 스톡홀름, 파리 퐁피두 등 전 세계 도시의 공기와 냄새를 채집해 만든 향. 이곳에 들어서면 흙냄새, 종이 냄새, 세라믹 가마의 탄 냄새가 뒤섞여 난다. 이 냄새는 매장을 위한 것이 아니라, 파리라는 도시의 정체성을 번역해낸 언어 같다. 향이 공간을 설계한다기보다, 공간이 먼저 존재하고 향이 그것을 해석하는 듯한 구조다.

∎
17세기 유럽, 특히 프랑스 궁정에서는 가죽 장갑에 향을 입히는 관습이 있었다. 여기에는 가죽 냄새를 없앤다는 실용적 이유도 있었지만, 향으로 체취를 가리던 문화 속에서 사회적 지위와 귀족적 취향을 과시하는 상징적 의미도 있었다.

걷던 길을 벗어나 럭셔리 백화점의 회전문을 밀고 들어서면 세상은 단숨에 다른 표정을 내보인다. 냉기가 흐르는 대리석 바닥, 천장 아래로 흐르는 낮은 온도의 공기. 로션, 향수, 가죽 가

방, 실크 스카프에서 풍겨 오는 부유함의 냄새. 아무런 냄새도 없는 듯하지만, 냄새 없는 상태를 유지하기 위해 치열하게 설계된 무향無香. 시원하고, 가벼우며, 결코 '인간적'이지 않은 향. 그것은 땀내와 향신료의 냄새가 섞여 든 삶의 냄새와 달리, 가진 자들의 공기였다.

공간의 냄새는 그곳을 드나드는 사람들의 태도를 닮는다. 시장의 냄새가 인간의 실존을 증명한다면, 백화점의 냄새는 실존의 흔적을 지우고 태도의 잔향만을 남긴다. 파리는 이 두 향을 모두 품고 있는 도시다. 짙고 무거운 삶의 냄새와, 은은하고 세련된 부유의 향이 같은 길 위에서 교차한다. 그래서 파리를 걷는다는 것은 수많은 사람의 서사와 계급, 기억과 꿈이 뒤섞인 향을 맡는 일이다. 그 복잡하고 모순된 향들이야말로 이 도시가 지닌 가장 관능적이고도 인간적인 매력이 아닐까.

우리는 왜 오래된 공간을
다시 찾아 걸을까

레트로 공간이 설계하는
회복의 정서

왜 사람들은 낡은 목재 창틀에 손을 얹고, 낡은 폰트의 간판 앞에서 사진을 찍으며, 가구에 난 스크래치마저도 애정어린 시선으로 바라볼까. 공간의 유행은 늘 앞으로 향하는 듯 보이지만, 도시의 감정은 때때로 과거를 향해 회귀한다. 이것을 단순히 복고의 유행이라고만 부를 것인가. 우리가 레트로 공간을 찾는 건, 단절된 감각을 회복하려는 몸의 반응이요, 익숙했던 질서로 되돌아가려는 정서적 본능일지도 모른다. 서울의 익선동이든, 파리의 마레 지구든, 런던의 쇼디치든, 시간이 눌러앉은 공간들은 특유의 노스텔지어로 사람들을 매혹한다. 시간의 흔적을 품은 공간이 더 진한 인상을 남기며 기억에 오래 남는 이유는, 그 속에 추억과 정서가 켜켜이 쌓여 있기 때문이다. 레트로 공간은 도시의 어느 구석에 자리를 잡고 끝까지 살아남은 것들이 불러일으키는 강력한 기억의 파편이다.

요즘 들어 서울의 몇몇 레트로 공간이 사람들의 관심을 끄는 이유는 무엇일까? 문득 생각해보았다, 어쩌면 사람들은 오래된 것에서 위안을 찾고 있는 건지도 모르겠다고. 빠르게 소비되는 새로운 것들의 홍수를 피해, 낡고 편안한 공간에 느리게 머물며 조용히 위로받고 싶은 마음. 레트로의 유행에는 그런 심리가 담겨 있는 건 아닐까. 결국 우리가 사랑하게 되는 것은, 사람을 머무를 수 있게 하는 공간의 태도인지도 모른다. 빛이 바랜 타일, 표면이 벗겨진 가구, 따뜻한 온도의 조명, 손으로 켜고 끄는 스위치…… 레트로 공간에서는 작은 요소 하나하나가 고도로 설계된 감정의 언어다.

레트로 공간이 단순히 과거를 복제하는 데 그치지 않고 '현재의 감정'을 수용할 수 있는 이유는, 디자인이 물성을 넘어 시간성과 감수성을 설계하고 있기 때문이다. 공간의 표면은 시대를 드러낸다. 그러나 공간의 감도感度는 시대를 넘어선다. 한 공간이 오래 살아남는다는 건, 다양한 감정을 받아들일 수 있을 만큼 느슨하게 설계되어 있다는 뜻이다. 레트로 공간의 인테리어에는 늘 이런 약간의 불완전함이 있다. 그것은 오래된 질감이 주는 일종의 간섭 허용값이다. 완벽한 마감이 아닌 해어지고 낡은 기억의 질감. 우리는 그 결핍 속에서 편안함을 느낀다. 균일하고 깔끔하게 정리된 공간보다, 조금은 어긋난 목재 틀, 오래되어 사람들의 기억에서 잊힌 어느 영화 포스터, 시간의 얼룩이 남은 벽—그런 것들에 기대어 우리는 우리 자신의 온도를 회복한다.

레트로 공간의 감수성은 결국 하나의 질문을 길어올린다. '나는 어디에서 나였던가?' 이렇게도 표현할 수 있을 것이다. '나는 어디에서 왔을까?' 그 질문이 가능해지는 공간, 그 질문을 품을 수 있도록 설계된 공간—바로 그런 공간이 지금 도시가 가장 절실하게 필요로 하는 레트로 공간이다.

서울의 레트로 공간들

서울은 늘 앞을 향해 달리는 도시다. 이 도시는 빠르다. 효율적이고, 최신을 추구하며, 낡음을 쉽게 '불편함'으로 해석한다. 그러나 역설적이게도 그렇게 앞만 보며 달리던 도시 사람들이 다시 뒤를 돌아보기 시작했다. 익선동의 조밀한 골목, 을지로의 산업형 건물, 문화역서울284가 복원한 과거 속에서 사람들은 잃어버린 감정의 궤적을 더듬는다. 지금 우리가 레트로 공간을 찾는 건 단지 '예쁜 인스타그램용 배경'을 위해서가 아니다. 우리는 잊힌 정서의 회복을 위해 공간을 여행한다. 서울의 레트로 공간들은 유난히 표면에 강하다. 타일, 철문, 조명, 마감재 하나하나가 시간을 품고 있다.

지금은 문을 닫은 서울 마포구의 '상수동화'는 20대 감성을 중심으로 꾸며진 복고 콘셉트의 미용 공간이었다. 미용실 내부에는 꽃무늬 쟁반, 옛날 전화기 등과 함께 고풍스러운 자개 경대가 있었다. 출입구 옆 벽 한 면을 가득 채운 자개장을 보면 '우와' 하는 감탄이 절로 나왔다. 자개장은 사용자의 기억을 자극하는 장치이자 감각적인 포토존으로 자리잡았다. 상수동화는 단순히 옛것을 복제한 레트로가 아니라, 전통적 요소들이 현대적 공간에서 새로운 감정을 불러일으키는 정서적 컬래버레이션의 사례다.

서울뿐만 아니다. 뉴욕의 레스토랑 '무노Moono'에서 자개는 전통 오브제로서의 형상을 벗고, 공간의 표면과 빛 속으로 스며든다. 이곳의 자개는 장롱이나 장식장처럼 눈에 띄게 놓이지 않는다. 대신 벽면과 가구의 디테일, 빛을 반사하는 얇은 층으로 분해되어 존재하며, 미니멀한 뉴욕의 공간 언어 속에서 새로운 균형을 이룬다. 자개는 설명되지 않고 암시되며, 한국적 상징으로 강조되기보다 물성과 질감의 층위로만 감지된다. 그래서 무노의 자개는 향수를 자극하지 않는다. 그것은 기억을 재현하는 장치가 아니라, 전통이 동시대의 감각으로 번역된 결과다. 이 공간에서 자개는 과거를 말하지 않고, 지금 이 도시의 리듬 안에서 조용히 작동한다.

청계천8~9가 사이 골목은 서울의 시간 감각이 켜켜이 쌓인 레트로의 밀도를 가장 진하게 보여주는 공간 중 하나다. 네온사인 간판이 그대로 남아 있는 좁은 골목, 오래된 시계방과 재봉틀 가게, 전파상 들이 줄지어 늘어선 풍경은 시간이 만들어낸 기억의 무대로, 서울이 어떻게 정서를 축적하는지를 여실히 보여준다. 낮에는 낡은 간판과 벽돌색이 빛바랜 기억을 소환하고, 밤에는 은은한 조명과 그림자가 그 시절의 공기를 재현한다. 이곳의 매력은 재현이 아닌 잔존에 있다. 오래된 물건들은 단지 장식으로 존재하는 게 아니라, 시간을 천천히 흐르게 만드는 장치다. 시간이 남긴 풍경은 누군가에겐 추억을 상기시키는 과거의 흔적인 반면, 누군가에겐 호기심을 불러일으키는 가장 신선한 이미지가 된다. 청계천 골목은 왜 이 도시의 레트로가 단순한 유행을 넘어선 감정의 복원인지를 보여주는 공간이다.

지금은 과거의 물건을 현재의 감각으로 새롭게 소비하는, 이른바 '신골동新骨董' 시대다. 과거에는 버려지던 자개장, 꽃무늬 쟁반, 브라운관 텔레비전과 같은 1960~1980년대의 소품들이 이제는 새롭고 이색적인 오브제로 자리잡았다. 디지털 세대에게 이 물건들은 오히려 낯선 '신상' 같은 느낌을 준다. 한물간 듯한 아날로그 감성이 젊은 세대에겐 새로움으로, 기성 세대에겐 향수로 다가오는 것이다.

이 흐름 속에서 레트로 공간은 정서의 회복력을 담아내는 실험실이 된다. 단순히 오래된 물건을 장식적으로 배치하는 것이 아니라, 빠르게 소모되는 현대의 시간에 작은 저항을 거는 것이다. '신골동'이라는 디자인적 제스처는 지금 우리에게 새로운 미감을 선사한다.

서울은 단절의 도시였다. 전쟁, 철거, 재개발…… 그 속에서 공간은 감정을 축적하기보다 끊어냈고, 그 위에 또다시 감정이 쌓이기도 전에 공간은 끊임없이 모습을 바꿔왔다. 그런 가운데 만나게 된 지금의 레트로 공간은 이 익숙한 단절 위에 놓인 작은 다리 같다. 익선동의 낮은 문턱, 을지로의 바랜 간판, 연남동 골목의 벽돌 질감. 도시의 레트로는 우리가 잃어버린 느림과 여백을 되찾고, 그 안에 깃들었던 감정을 복원하려는 시도인지도 모른다.

그런 의미에서 레트로 인테리어는 유행이 아니다. 그것은 정서적 설계다. 반듯하게 정리된 최신 공간보다, 조금 비대칭적인 공간, 그 틈으로 시간이 스며든 흔적 위에서 잊었던 감정이 되살아난다. 과거를 추억하는 공간이 사람의 마음을 붙잡는 이유는, 그 태도가 기억의 구조와 닮아 있기 때문이다. 완벽하게 정리된 기억은 없다. 기억은 늘 조금씩 변형되어 있고, 희미해져간다. 어긋난 기억은 때때로 오해를 남기는가 하면 실제와 전혀 다른 이야기를 만들어내기도 한다. 레트로 공간의 감수성은 그런 불완전한 감정의 구조를 그대로 받아들이는 태도에서 출발한다.

서울의 공간들은 점점 더 조용하게 말하고 있다. 소음을 줄이는 것이 아니라, 침묵을 견디는 공간으로 변화하는 중이다. 공간의 침묵은 오래된 감정 위에서 말없이 우리를 위로한다. 낡은 나무 보에서 느껴지는 따뜻한 세월의 흔적, 오래된 조명 갓에 쌓인 먼지와 비걱거리는 창틀, 겹겹이 덧칠된 벽에는 사람의 손길과 세월의 흔적이 스며 있다. 그렇게 잘 묵은 공간에서는 사람들 역시 과하게 연출되지 않는다.

공간이 완전하지 않기에 우리도 완전할 필요가 없는 곳. 그런 곳에서 우리는 느슨해질 수 있다. 스스로와 화해할 수 있다. 지금의 나를 과거의 온도 안에서 다시 안아보는 것이다. 잊고 있던 감각을 재부팅하고 나를 되찾는 곳, 레트로 공간의 우리는 그렇게 회복이라는 파장 속에 있다.

닫힌 듯 열린 공간,
한옥

여백은 살아 있다

서울 종로 운경고택을 처음 찾았을 때, 문을 열고 들어서는 그 순간부터 나는 마치 시간의 결을 따라 걷는 듯한 기분이 들었다. 높은 담장을 지나 안채로 발을 들이니, 사방으로 열린 마당과 낮게 드리운 처마가 낯설면서도 이상하게 편안했다. 오랜 시간 무겁게 닫힌 건축 속에서 유럽식 디자인을 배워온 나를, 이 공간은 낯선 방식으로 맞아주었다. 단단히 막아두기보다 비워둔 중심. 경계를 세워 내부를 보호하는 것이 아니라, 여백으로 초대하는 공간.

집 안에 들어서면 가장 먼저 눈에 띄는 것은 비어 있음이 만들어내는 조화와 균형이다. 겹겹이 들어선 기둥과 서까래는 무게를 지탱하는 구조체인 동시에 장식이 된다. 별다른 마감 처리 없이 노출된 목재는 시간의 흔적을 고스란히 품고 있으며, 곧고 단정한 선이 이루는 구성에는 과함도 부족함도 없다.

미닫이문 하나로 공간이 나뉘고 다시 이어지는 구조 안에서 마당과 실내의 경계는 항상 열려 있다. 그 유기적인 흐름은, 안에 있는 사람이 어떻게 움직이느냐에 따라 다르게 반응한다. 낮은 천장과 처마는 시선을 자연스레 수평으로 이끌고 사람의 몸을 낮춤으로써, 공간과 자연 사이의 조화를 만들어낸다.

한옥은 형태를 통해 말하지 않는다. 빛, 바람, 소리, 그림자가 드나드는 방식으로 공간을 정의한다. 운경고택은 바로 그 미묘한 요소들이 결을 이루며, 건축이 단순한 구조물이 아닌 '살아 있는 여백'임을 보여주는 장소다. 나는 그날 비로소 "한옥은 열려 있기 때문에 닫혀 있는 것이 아니라, 닫혀 있기 때문에 열릴 수 있는 공간"이라는 말을 이해하게 되었다. 담장과 문으로 닫힌 뒤에야 비로소 그 안에서 자유가 시작된다. 세상과의 경계를 명확히 한 후에야 그 안에서 마음 놓고 숨쉬고, 걷고, 눕고, 바라볼 수 있다. 한옥은 말한다. '진짜 열림은 닫힘 안에 있다.'

나는 지난 20년간 파리의 아파트, 런던의 테라스하우스, 밀라노의 팔라초 같은 유럽식 집들을 봐왔다. 그곳의 집들은 언제나 단단히 닫혀 있다. 두꺼운 석재 벽, 묵직한 목재 문, 방과 방을 나누는 벽돌 구조. 겨울의 습기와 추위를 막기 위해, 또 낯선 이의 침입을 차단하기 위해, 그곳의 건축은 닫힘을 전제로 발전해왔다. 하지만 한옥은 달랐다. 한옥은 닫혀 있으면서도 열려 있는 집이었다. 얇은 창호지 창문, 손가락으로도 밀 수 있는 미닫이문, 문턱을 넘으면 바로 마당으로 이어지는 구조. 벽이 있어도 그 벽은 바람을 완전히 막지 못했고, 문이 있어도 그 문이 소리까지 막진 않았다. 처마 아래 앉아 있으면, 문틈 사이로 스며드는 바람 소리와 마당의 흙냄새가 그대로 방 안까지 들어왔다. 유럽의 집이 안과 밖을 엄격히 나누어놓은 공간이라면, 한옥은 안과 밖의 경계를 부러 어느 정도 터놓은 듯한 공간이었다.

　이 차이는 공간의 구조만이 아니라, 그 안에서 살아가는 사람들의 태도도 바꾼다. 두꺼운 벽으로 둘러싸인 서양식 집은 개인의 영역을 명확히 구분한다. 거실, 복도, 침실, 욕실. 각 공간은 목적과 기능으로 철저히 구획되어 있다. 방음도 잘되어, 옆방의 기침 소리조차 들리지 않는다. 반면 한옥은, 방과 방 사이가 문 하나로 연결된다. 누군가 움직이면, 문이 살짝 흔들리면서 소리가 스며들고 공기가 바뀐다. 누군가 부엌에서 된장국을 끓이면 방 안까지 구수한 냄새가 은근히 퍼진다. 공간의 경계가 느슨한 만큼 관계의 경계도 느슨해진다. 그 안에서 사람들은 함께 숨쉬고, 함께 계절을 느끼고, 함께 바람결을 맞으며 살았다.

　또하나 큰 차이, 한옥에는 마당이 있다. 유럽의 집이 집 안의 거실이나 벽난로를 중심으로 삼는다면, 한옥은 마당을 빙 둘러 방들이 배치된다. 마당은 집의 외부 같지만, 사실상 집의 연장이다. 하늘 아래 펼쳐진, 벽 없는 방 같은 곳. 세상과도 자연과도 가장 직접적으로 연결된 곳. 눈이 와도, 비가 와도, 마당은 언제나 집의 중심으로 자리한다. 그곳에서 사람들은 손님도 맞고, 놀이도 하고, 일도 하고, 잔치도 열었다.

　유럽의 집들이 자연으로부터 자기를 보호하기 위해 발전해왔다면, 한옥은 자연과 함께 숨쉬기 위해 만들어졌다 해도 과언이 아니다. 닫힌 듯 열려 있는 집. 한옥은 자연을 통제하지 않고, 그 안에 스며들어 산다는 게 무엇인지를 보여주는 집이다.

　한옥 인테리어의 본질은, 장식이나 마감재가 아니라 구조 자체가 주는 아름다움에 있다. 고운 무늬의 목재 기둥과 서까래, 기와의 곡선, 흙벽의 거친 질감, 창호지 문을 통과해 들어오는 부드러운 빛. 한옥은 재료 자체가 아니라 재료의 본질을 드러내는 방식으로 공간의 미학을 완성한다. 반면 유럽의 인테리어는 재료의 물성을 보여주는 것 이상으로, 덧입히고 채워서 무게감을 구축한다. 대리석 몰딩, 석재 벽난로, 황동 손잡이, 두꺼운 패널 마감. 프랑스와 이탈리아의 고전적 인테리어는 풍요를 가시화하는 방식으로, 레이어에 레이어를 더한다. 그 구조적 무게감과 장식의 깊이가 주는 안정감이 유럽식 인테리어의 미학이라면, 한옥의 미학은 가벼움 속의 단단함, 덜어냄 속의 충만함이다.

이처럼 재료의 선택에서부터 두 문화의 차이가 드러난다. 유럽의 집들이 대리석 등 돌을 중심으로 무게를 잡는다면, 한옥은 나무를 중심으로 가볍게 세워진다. 차가운 석재의 감촉이 주는 단단함과 영속성이 유럽식 건축의 상징이라면, 따뜻한 나무의 결이 주는 생명력과 유연함은 한옥의 본질이다. 한옥 공간에서 벽은 완결이 아니다. 미닫이문을 열면 방과 방이 하나로 이어지고, 창호를 열면 공간은 마당까지 확장된다. 하나의 방이 곧 하나의 기능으로 고정되지 않고, 열고 닫는 방식에 따라 거실이 되기도 하고, 침실이 되기도 한다. 디자이너의 언어로 말하자면, 한옥은 플렉서블flexible한 공간이다. 하지만 그것은 트렌드를 좇는 유연함이 아니라, 저절로 그렇게 된 자연스러운 유연함이다.

또하나, 한옥 공간을 구성하는 색의 미학을 언급하지 않을 수 없다. 흙벽의 연갈색, 노출된 목재의 짙은 갈색, 창호지의 백색, 기와의 회색, 그리고 바닥 장판의 옅은 황토색. 이 자연 색의 조합은 어떤 화려한 색채 계획보다 더 편안하면서도 완성도가 높다. 한옥은 디자인적으로 말하자면 모노톤의 하모니다. 그래서 작은 꽃가지 하나만 놓아도, 청자 한 점만 두어도 공간이 완성된다.

나는 유럽의 인테리어에서 배운 레이어가 쌓이며 생겨나는 아름다움을 사랑한다. 그러나 한옥을 보면, 비우는 디자인이란 무엇인지를 다시 생각하게 된다. 소박하지만 그래서 더 품이 넓게 느껴지는 공간, 여유에서 오는 깊이, 어울림에서 느껴지는 조화,

단순함에서 발견되는 복잡성은 알면 알수록 더 매력적이다.

한옥은 밖에서 보면 폐쇄적이다. 높은 담장에 둘러싸여 있고, 대문을 닫으면 안이 보이지 않는다. 현대의 오픈플랜open plan[■] 구조와 달리, 철저히 닫힌 공간처럼 보인다. 그러나 한 걸음 안으로 들어서면, 한옥은 전혀 다른 태도를 드러낸다. 안으로 들어가면 마당이 있다. 모든 방은 담장이 아닌 마당을 향해 열려 있다. 한옥의 '열림'은 벽을 허무는 방식이 아니라, 중심을 비워두는 방식을 택한다. 서양의 오픈플랜은 경계를 없애 시선을 확장시키지만, 한옥의 열림은 경계를 인정하면서도 중심을 비워 공간에 여백과 깊이를 만든다. 그 비어 있는 마당이 빛과 공기를 담아내고, 닫힌 듯한 공간 안에서 인간의 감각을 다시 숨쉬게 한다.

한옥의 공간은 우리에게 묻는다. 열림이 정말 경계를 허무는 일인지, 아니면 스스로 세워둔 경계 안에서 비움을 만들어내는 것인지. 비워냄이라는 한옥의 단순한 태도는 이상하리만큼 깊은 인상을 남긴다. 비움은 인간이 공간과 자연, 그리고 자기 자신을 가장 솔직하게 마주하는 태도임을, 우리에게 조용히 일러주기라도 하듯. 벽도, 천장도, 바닥도 모두 얇고 가볍게 만들어졌는데, 공간이 주는 울림은 결코 얇지도 가볍지도 않다. 벽돌이나 석재, 두껍고 묵직한 재료들로 안정감을 주는 유럽의 건축과 달리, 한옥은 종이와 나무, 흙과 기와로 이루어진 가벼운 집이다. 그럼에도 불구하고, 그 공간 안에 서 있으면 묘하게도 마음이 놓인다.

한옥은 처마가 낮다. 높은 천장 대신, 낮고 긴 처마가 시선을 수평으로 낮춘다. 높음는 권위를 뜻하고, 낮음은 겸손을 뜻한다. 한옥의 공간은 인간을 낮추어 자연과 같은 눈높이에 서게 만든다. 그래서 한옥에 들어서면, 우리의 몸도 마음도 낮아진다. 자연에 대항하

[■] 벽이나 칸막이 없이 열린 구조로 된 공간 설계 방식.

여 권위를 세우기보다, 자연의 일부로 존재하게 된다. 대단한 누군가가 아니라, 특별할 것 없는 무언가가 되는 것. 자기를 내세우지 않고 자기를 비우기. 겸손과 겸허. 한옥의 자유는 그런 태도에서 오는지도 모르겠다.

한옥은 과거의 건축에 머무르지 않는다. 그것은 지금 우리가 다시 배워야 할 공간의 태도를 보여주는 오래된 지혜의 산실이다. 공간에는 눈에 보이는 구조와 마감 이상의 무언가가 있다. 그것은 비어 있음이 만들어내는 심리적 울림이자, 존재 방식에 대한 통찰이다. 유럽의 집들이 물성과 견고함을 통해 사람과 공간의 위계를 구축했다면, 한옥은 여백과 유연함을 통해 자연과 인간, 그리고 서로 간의 관계를 다시 정돈했다.

운경고택에서 내가 경험한 감각의 충만함은, 결국 비움에서 오는 것이었다. 디자이너로서 나는 이제 무엇을 채울 것인가보다, 무엇을 남겨둘 것인가를 먼저 묻는다. 그것은 한옥이 나에게 묵묵히 가르쳐준 태도다. 공간을 디자인한다는 것은 곧 우리 삶에 진정 필요한 질문을 던지는 일임을, 나는 한옥의 비움에서 배웠다.

'그냥 살아가는 법'을
기억하게 하는 곳

시장에서 만나는
가장 인간적인 리듬

홍어를 처음 먹었을 때의 충격을 나는 아직도 잊지 못한다. 그 톡 쏘는 향이 코끝을 지나 머리끝까지 치밀고 올라왔을 땐 정신이 아찔해지며 '이걸 어떻게 먹지?' 싶었다. 일행의 성화에 뱉어버리고 싶은 것을 꾹 참고 오물오물 씹어 삼켰다. 몇 번을 그랬을까. 삼키면 삼킬수록 오히려 그 강렬함에 매료되고 있는 나 자신을 발견했다.

나의 '최애' 홍어집은 낙원상가 골목길에 위치한 '홍어랑 민어랑'이라는 이름의 허름한 노포 식당이다. 여덟 개 남짓한 테이블 위론 오래된 선풍기가 덜덜 돌아가고 메뉴판에 적힌 음식 가짓수는 술 종류보다 더 적은 곳. 그곳에서 삭힌 홍어를 한 점 집어 묵은지와 곁들여 먹으면, 톡 쏘는 산미와 깊은 감칠맛이 어우러지며 정신을 번쩍 들게 하는 생생한 쾌감이 입안 가득 퍼진다. 순간 눈물이 찔끔 날 만큼 자극적이지만, 살아 있는 듯한 날것 그대로의 강렬한 풍미가 이상하게도 자꾸만 생각난다. 그렇게 나는 한국에서 가장 오래된 맛 중 하나와 천천히 친해졌다.

오랜 시간 묵은 깊이—낙원시장

낙원상가 지하에 위치한 낙원시장은 또다른 세계다. 지상의 낙원상가가 악기 소리와 잡화 상점의 북적임이 섞여 든 곳이라면, 그 아래 펼쳐진 지하 시장은 지상과 전혀 다른 고요한 온기로 가득하다. 어둡고 습기 찬 통로를 지나면, 오래된 간판들이 다닥다닥 붙어 있는 음식점 골목이 나온다. 칼국수, 잔치국수, 순대, 뒷고기…… 이름만으로도 묘하게 마음 놓이는 메뉴가 골목마다 즐비하다. 쿰쿰한 공기 속에는 수십 년간 쌓여온 사람들의 묵은 이야기가 깃들어 있다. 좁은 식당 안으로 들어서면, 낮게 깔린 형광등 빛 아래서 김이 모락모락 피어오른다. 반질반질한 테이블 위에 금방 삶아낸 순대가 오르면, 돼지 냄새와 된장, 마늘 냄새가 섞여 코로 들어온다. 오래된 냉장고 모터 소리, 옆 테이블의 술잔 부딪히는 소리, 그리고 바쁘게 주문을 받는 주인 아주머니의 목소리까지…… 모든 것이 1970~1980년대 '서울의 과거'를 한 장면처럼 보여준다. 이 작은 지하 공간 아래 여전히 사라지지 않은 풍경이 이처럼 고유한 리듬을 오롯이 간직한 채 흐르고 있었다니! 낙원시장은 내가 좋아하는 홍어의 맛과 닮았다. 처음엔 강렬하고 불편하지만, 씹을수록 오랜 시간 묵은 깊이에 매료되는 것이다.

낙원지하상가는 높이가 낮다. 힘없이 빛나는 형광등 불빛하며, 군데군데 깨진 바닥, 오래된 간판들이 다닥다닥 붙어 있는 풍경은 말 그대로 무질서의 향연이다. 디자인적으로 보자면, 이곳에는 어떤 의도된 미학도 없다. 벽 타일은 색이 바랬고, 간판은 형광등 빛에 노랗게 물들었다. 하지만 나는 어쩐지 이 비계획적인 색채와 질감, 높이와 소리의 조합이야말로 진짜 살아 있는 도시가 무엇인지를 보여주는 것 같다. 완벽하게 설계된 쇼핑몰, 세련된 푸드코트, 브랜딩된 마켓 공간에서 느낄 수 없는 종류의 안정감. 조금 어둡고, 조금 지저분하고, 조금 불편하지만, 그래서 더 인간적인 공간의 태도. 좁고 낮고 어두운 곳에 흐르는 도시의 진짜 공기는 진한 사람 냄새를 풍기며 이 도시의 생명력을 고스란히 전달한다.

이곳은 단순한 시장 그 이상의 의미를 품고 있다. 음악가들이 모여드는 악기 상가와 한국 영화사의 한 장면을 차지했던 옛 '허리우드 극장', 그리고 주변의 떡집과 사진관까지 — '낙원'이라는 이름이 그리는 풍경처럼 다양한 문화의 흔적이 편안하고 즐겁게 어우러져 있다. 전설의 헤비메탈 밴드 메탈리카가 이곳을 찾았다는 일화는 이 시장이 그러한 어우러짐 속에서 음악과 삶을 잇는 정서적 연결 고리임을 말해준다.

낙원지하상가는 우리가 쉽게 지나치기 쉬운 소소한 서민의 삶과 일상의 여유, 그리고 문화적 향수를 고스란히 품고 있는 공간이다. 수십 년의 세월이 흘러도 변하지 않는 사람 냄새, 그리고 그 속에서 피어나는 따뜻한 공감이 이곳을 진정한 서민의 '지하 낙원'으로 만들어준다.

살아 있음의 감각을 되찾는 공간 — 광장시장

유학생 시절, 서울에 돌아오면 가장 먼저 찾는 곳 중 하나가 광장시장이었다. 목적은 단 하나, 육회 거리에서 파는 생간을 먹기 위해서. 막 잡아 신선한 게 아니면 결코 먹을 수 없는 음식. 생간은 외국에서는 절대 맛볼 수 없는 식재료라, 해외에 나가면 향수병이 도지듯 그 맛이 문득 한 번씩 떠오르곤 했다. 혀끝에서 느껴지는 미끌미끌한 감촉과 코로 전해지는 비릿한 냄새, 거기에 생간 위로 솔솔 뿌려진 깨소금의 고소함이 더해지면 '이 맛을 보려고 서울에 왔지' 하는 생각이 절로 들었다. 그 생생한 감각은 시장 가득한 소음과 냄새, 공기와 뒤섞여야 제맛이다. 그래서 생간은 어쩌면 가장 시장다운 음식일지도 모른다. 생간의 싱싱한 철분 향은 나로 하여금 '아, 드디어 서울에 돌아왔구나'를 실감하게 했다. 날것 그대로의 음식이 주는 본능적인 만족감은, 바다 건너 다른 도시에서 살아가는 동안 잊고 있던 감각을 깨웠다. 긴장하고 경계했던 타국에서의 날들을 지나, 그 한 점의 생간을 입에 물면 야생으로 돌아갔다 다시 서울이라는, 내가 나고 자란 도시로 복귀했다는 익숙한 감각이 되살아났다. 서울에 돌아왔다는 확신은 여권에 찍힌 도장이 아니라, 광장시장의 그 비닐 테이블 위 붉은 간 한 점이 가져다주었다.

지금도 광장시장에 들어설 때면, 나는 늘 입구에서부터 같은 감각을 느낀다. 번잡함, 소음, 좁은 통로, 그리고 묘한 안도감. 낙원시장이 좁은 통로에서 사람들이 몸을 부대끼는 '모세혈관'이라면, 광장시장은 그야말로 '대동맥' 같다. 서울에서 이렇게 많은 것이 뒤엉켜 있는 공간은 드물다. 처음 광장시장을 찾았을 때 나는 그 복잡함에 압도됐다. 뉴욕의 첼시 마켓이나 런던의 보로 마켓보다 훨씬 더 좁고 빼곡한 공간에서 몇 걸음을 사이에 두고 전을 부치고 육회를 썰고 꽈배기를 튀기는 모습에 정신이 하나도 없었다. 유럽의 마켓들이 각 부스를 브랜드화하고 미니멀한 구조로 세련됨을 과시한다면, 광장시장은 모든 걸 숨김없이 드러내놓고 있었다. 내장, 간, 생선, 삶은 족발, 닭 모래집, 김, 오징어, 깨, 마늘, 인삼…… 모든 재료가 생긴 그대로 쌓여 있고, 사람들의 눈빛도, 손놀림도, 목소리도 체면치레 없이 있는 그대로 그 위에 쌓인다.

광장시장이라는 공간은 마치 도시의 장기판 같다. 좌판 하나하나가 작은 말처럼 움직이며 자기만의 방식으로 하루를 살아내고, 밤이 되면 일제히 접혔다가 새벽이면 다시 펼쳐지는. 이 무질서해 보이는 공간이 매일 같은 자리에서 같은 방식으로 열리고 닫힌다는 것, 그 반복이 주는 묘한 안정감. 나는 이 거대한 시장이 지닌 스케일의 정직함이 좋다.

살아남는 법을 배우는 공간 — 남대문시장

남대문시장은 목적형 시장이다. 구체적으로 필요한 게 있는 사람이 그 필요를 채우기 위해 가는 곳. 안경 가게, 속옷 도매상, 수예품 매장, 잡화 상점까지. 무엇을 사러 왔는지 목적이 분명한 사람들만이 이 시장의 속도에 자연스럽게 섞여 들 수 있다. 어슬렁거리며 구경하려는 태도로 돌아다니다간 밀려나기 십상이라는 얘기다. 이곳에서 흥정은 날것처럼 펄떡인다. 물건을 고르고, 값을 묻고, 서로 눈빛을 주고받는 사이에 가격은 빠르게 결정된다. 주저하다가는 바로 옆 손님에게 물건이 넘어간다. 공간 전체가 압축된 리듬으로 돌아간다. 장사꾼의 기운이 이 시장의 공기를 지배하는 듯 말과 몸짓이 살아 있고, 계산도 착착이다.

남대문시장은 어쩌면 생존의 공간이다. 대형 마트나 백화점처럼 쾌적하지도 않고 트렌디하지도 않지만, 대신 여기에는 실전이 있다. 이 공간은 소비의 장소이기 이전에 훈련의 장소다. 남대문시장에서 사람들은 단순히 물건을 사는 것이 아니라, 치열하게 살아남는 법을 몸으로 익힌다. 서울이라는 도시가 품은 가장 오래된 운동장. 그곳에서 우리는 '살아남아야 한다'는 태도를 배운다.

남대문 도깨비시장은 남대문시장의 별칭으로, 지하 수입상가를 가리킨다. 과거에 경찰과 세관의 단속을 피해 '도깨비처럼' 나타났다 사라지는 물건이 많았기에 이런 이름이 붙었다고 전해진다. 낮은 천장과 미로 같은 통로를 따라 도깨비시장에 들어서면 국적 불명의 전자기기, 생활용품, 의류, 미식 재료까지 다양한 수입 상품이 빽빽하게 진열돼 있다. 진품 가품을 가릴 새도 없이 수만 원대 카메라 렌즈 옆에 몇천 원짜리 명품 로고 열쇠고리가 놓여 있고, 상인들은 "오늘만 이 가격"이라며 재빨리 가격표를 수정한다. 정신없고 어수선하지만, 그 속도와 무질서가 만들어내는 활기에는 여전한 생명력이 있다. 합리적인 가격과 '어디선가 갑자기 나타난' 물건을 찾는 재미 덕분에, 남대문 도깨비시장은 여전히 서울 사람들에게 싸고 독특한 것을 발견하는 놀이터로 남아 있다.

이렇게 바쁘고 정신없는 남대문시장을 거닐다 쉬고 싶으면 들어서는 곳이 있다. 바로 '서울마님죽' 남창동점이다. 이곳에서는 시간이 시장의 빠른 호흡과는 전혀 다르게 흐른다. 좁은 공간 안에 오래된 테이블과 의자가 빽빽하게 놓여 있지만, 팥죽 한 그릇이 앞에 놓이는 순간 주변의 소음은 순식간에 아득해진다. 순하고 부드럽고 묵직한 팥죽의 온기는 시장이라는 공간 안에서 유일하게 '쉬어갈 수 있는 감각'을 허락한다. 팥죽은 우리에게 늘 한 계절을 건너는 음식이었다. 동짓날처럼 특별한 날에만 먹는 것 같지만, 사실은 아플 때, 마음이 허할 때, 무언가를 기원하거나 위로할 때 떠오르는 음식이기도 하다. 이 집 팥죽에는 단맛보다 고소함이 깊게 배어 있는데, 처음에는 친구 어머니가 그 맛을 좋아하신다고 해서 함께 사러 갔다가 나도 자연스럽게 단골이 되었다. 세 그릇이나 싸 가는 친구를 보고 도대체 얼마나 맛있기에 하는 의구심으로 한입 맛본 것이 계기가 되어, 이젠 이 집 팥죽만 찾을 정도로 단골이 됐고 나 때문에 우리 외할머니까지 팬이 되었다. 남대문시장에서 먹는 이 팥죽 한 그릇은 가장 활동적인 시장 안에서 가장 정적인 한 끼로 마음의 속도를 늦추는 힐링 음식이다.

왜 나는 이렇게 혼란스럽고 불편한 시장에서 마음이 놓일까. 아마도 시장은, 도시가 잃어버린 '인간적인 리듬'이 가장 솔직하게 드러나는 몇 안 되는 장소이기 때문일 것이다. 설계된 공간, 디자인된 브랜드, 미학적으로 정제된 인터페이스 속에서 살아가는 우리에게 시장만큼 사람 사는 모습을, 그 각양각색의 요령과 수완을 있는 그대로 펼쳐놓는 공간은 많지 않다. 재래시장은 늘 어수선하고, 늘 살아 있으며, 늘 사람 냄새가 난다. 시장을 지날 때 내가 가장 많이 쓰는 감각기관은 눈이 아니라 코와 귀, 그리고 손이다. 공간이 내 몸을 깨우는 방식이 다르다는 얘기다.

시장 안에는 저마다 다른 삶의 태도가 스며 있다. 남대문시장도 광장시장도 낙원시장도, 모두 시장으로 불리지만 시간이 흐르는 속도, 사람들이 짓는 표정, 감정이 빚어내는 결은 전혀 다르다. 치열한 생존의 현장 속 조용하고 느린 위로를 주는 남대문시장의 팥죽 한 그릇, 살아 있음의 감각을 되살려주는 광장시장의 생간, 불편하지만 오래된 진심처럼 자꾸만 떠오르는 낙원시장의 삭힌 홍어. 이 음식들은 내가 서울이라는 도시에서 어떻게 살아왔고, 무엇을 잊지 않으려 애써왔는지를 상기시켜주는 감각의 북극성이다. 그렇게 나는 시장에서 한 끼를 먹으며, 나의 삶도 다시 씹고 삼킨다. 이 작고 소박한 음식 한 그릇에 서울이라는 도시의 시간, 이곳의 기억이 녹아 있다.

짠맛의 도시,
뉴욕

공간이 미각을 닮을 때

뉴욕의 레스토랑은 음식뿐 아니라 공간의 맛도 강렬하다. 벽은 대담한 색채로 칠해져 있고, 조명은 어둡거나 과도하게 밝아 시선을 압도한다. 바닥과 천장의 마감은 거칠거나 장식으로 반들거리고, 테이블은 서로 다붙어 있어 소음조차 하나의 디자인처럼 느껴진다. 메뉴판의 타이포그래피에서부터 칵테일 잔의 색감까지, 뉴욕의 식당은 전방위적으로 감각을 자극한다. 그중에서도 '짠맛'은 이 도시의 태도를 가장 잘 대변하는 맛이다. 뉴욕처럼 빠르게 사람을 끌어당기고 쉽게 질리게도 하는 중독적인 맛. 레스토랑의 인테리어도 마찬가지다. 힙한 공간은 하루아침에 유행이 되었다가, 또 하루아침에 낡은 취향이 된다. 빠르게 떠오르고 사라지는 트렌드의 속도 속에서는, 자극이 곧 전략이다.

그런가 하면 예외도 있다. 파인다이닝 공간은 짠맛도 단맛도 과하지 않은 파인다이닝의 요리를 닮았다. 모던한 공간 역시 절제된 구조 안에 복합적인 결을 숨기고 있다. 공간의 태도는 맛의 태도와 결을 같이한다. 콘크리트 바닥, 미색 리넨 소파, 마른 나무 한 그루 같은 배치는 자극을 줄이는 대신 감각의 여운을 남긴다. 뉴욕의 파인다이닝 공간들은 감각을 압도하기보다 섬세하게 유도한다는 점에서 공통된 태도를 지닌다. 입안에서 느껴지는 감각, 공간의 온도, 가구의 질감, 그리고 한 접시 음식 위의 색채까지—모든 감각이 조용하고 세심하게, 그러면서도 분명하게 연결되어 있다.

이 도시에서는 음식이 공간의 언어로 기능한다. 한 접시의 구성, 한 잔의 색감, 테이블 위에 놓인 커틀러리와 식기의 배치까지. 테이블은 시선을 통제하고, 색은 분위기를 조직한다. 어떤 곳에서는 연회색 벽과 어울리는 유백색 굴껍질을 올려놓고, 또 어떤 곳은 어두운 벽면과 어우러지는 짙은 와인빛 푸아그라를 내어 정서를 완성한다. 뉴욕의 파인다이닝에서 음식의 색과 질감은 공간과 대화를 나누는 코드가 된다.

예술로 식사하는 공간—카사 레버

미드타운의 카사 레버Casa Lever는 이 감각적 균형을 가장 정제된 방식으로 보여주는 곳이다. 미드타운 한복판, 파크애비뉴를 따라 걷다보면 유리와 강철로 이뤄진 우아한 모더니즘 건축물이 하나 나타난다. 지난 세기 현대건축의 상징인 레버 하우스Lever House 빌딩. 그 1층에는 열여섯 살 먹은 (뉴욕에서는 그리 고령이라 할 수 없는 나이의) 레스토랑 카사 레버가 자리한다. 뉴욕의 수많은 이탈리안 레스토랑 중에서도 단연 돋보이는 이곳은 단순한 식당이 아니라, 미술관이자 뉴요커들의 무대다. 이 공간은 유명인들의 파워 런치power lunch▪ 장소로도 손꼽힌다. 애나 윈터, 조르조 아르마니, 마돈나 등이 다녀갔다는 얘기가 있지만, 분명한 목격담이 있는 것은 아니다. 레스토랑은 언제나 신중하며, 프라이버시가 철저히 보장된다.

카사 레버는 정통 밀라노 요리와 세련된 서비스, 그리고 무엇보다 눈을 뗄 수 없는 앤디 워홀의 초상화 시리즈가 걸린 공간으로 유명하다. 워홀의 '아이콘' 연작은 매릴린 먼로, 엘비스 프레슬리, 로이 리히텐슈타인, 조앤 콜린스, 실베스터 스탤론까지 20세기 대중문화의 신들을 식탁 위로 다시 불러낸다. 이 그림들은 단순한 장식이 아니다. 이곳을 운영하는 산트 암브로에우스 호스피털리티 그룹Sant Ambroeus Hospitality Group은 레버 하우스 소유주와의 비공개 거래를 통해, 원래 빌딩 예술 재단의 소장품이던 이 작품들을 식당 내부로 들여왔다. 갤러리의 화이트 큐브가 아닌, 칼질과 대화가 오가는 식탁 위에 놓인 워홀의 얼굴들. 이것은 예술이라기보다 공간의 기조 그 자체다.

카사 레버의 인테리어는 건축가 윌리엄 T. 조지스William T. Georgis의 작품인데, 그는 레버 하우스가 지닌 미드센추리모던의 기하학적 미학을 따르되, 거기에 붉은 가죽 시트와 어두운 목재 마감, 광택 있는 표면을 덧입혀 공간을 오늘날 뉴욕의 감각으로 탈바꿈시켰다. 벽면에 걸린 대형 워홀 초상화를 압도하지 않기 위해, 가구는 간결한 선과 단조로운 톤으로 구성되었으며, 조명 또한 그림을 중심으로 배치되었다. 그로써 카사 레버는 식사와 예술 사이에서 레스토랑과 갤러리의 경계를 허물며 새로운 형식의 감각적 몰입을 완성했다. 절제된 구조 안에 감각의 긴장과 여백이 공존하는 이곳에서 식탁 위 음식은 공간의 색감과 정확히 호흡을 맞춘다. 앤디 워홀의 색감은 이탈리안 요리의 플레이팅

■ 정치인, 기업 임원 등 영향력 있는 인물들이 중요한 사업이나 계획을 논의하기 위해 갖는 점심식사 자리. 단순히 식사만 하는 것이 아니라, 식사를 매개로 비즈니스와 사교 활동을 함께하는 것을 말한다.

과 어우러져, 이곳을 찾는 사람들에게 시각적 만찬을 제공한다. 카사 레버에서는 식사가 그 자체로 공간을 감각하는 하나의 방식이 된다. 특히 거대한 사이즈의 초상화는 손님을 압도하기보다, 오히려 '워홀의 세계'로 끌어들이는 역할을 한다. 때로는 작품 속 인물들이 누구인지 식사 내내 추측하며 대화가 이어진다. 알려진 얼굴도 있지만, 몇몇은 워홀의 친구나 지인으로, 대중에 알려지지 않은 인물들이다. 이름 없는 초상들은 테이블 위로 신비로운 존재감을 드리운다.

욕망의 농도—치프리아니 

뉴욕은 구조와 야망의 도시다. 건물은 기능적으로 설계되고, 사람들은 자신을 증명하기 위해 쉼없이 움직인다. 그 야망의 무대 한복판에 치프리아니Cipriani가 있다. 황금빛 몰딩, 아르데코풍 기둥, 정제된 고전의 언어로 꾸며진 이 공간은 단순한 식당이 아니라, 이 도시가 가진 권위와 위계를 공간으로 구현한 장소다. 그래서인지 테이블 간 간격, 벨벳 커튼의 두께, 스태프의 동선까지—모두가 하나의 구조적 선언처럼 느껴진다. 같은 미드타운, 같은 이탈리안 레스토랑이라도 카사 레버와는 감각의 방향이 전혀 다르다. 카사 레버가 시선과 미각을 조용히 조율하는 정제된 무대라면, 치프리아니는 장중한 클래식과 과시적 우아함으로 감각을 몰아붙이는 공간이다. 황금빛 천장과 반짝이는 대리석, 커다란 샹들리에 아래서 펼쳐지는 식사는 '조화'라기보다는 '선언'에 가깝다. 음식 역시 묵직하다. 버터, 크림, 그리고 전통적인 소스의 조합은 강하게 기억되는 쪽을 택한다.

치프리아니는 뉴욕이라는 도시의 한 단면을 상징적으로 보여준다. 격식과 압박, 성공과 과시가 식사 안에 녹아 있다. 그런 점에서 치프리아니는 짠맛과 닮았다. 짠맛은 혀를 강하게 자극하고 오래 남는다. 이곳의 음식도, 인테리어도 그렇다. 풍부한 소스와 전통적인 레시피는 진한 풍미가 있고, 공간의 색채와 질감은 이 강렬한 감각을 즉각적으로 휘감는다. 뉴욕의 짠맛은 단순한 과잉이 아니다. 그것은 이 도시에 깃든 욕망의 농도를 반영한다. 구조 속에 숨은 긴장, 아름다움이 내포한 권위, 그리고 이 모든 것을 당연하게 받아들이는 도시의 태도. 치프리아니는 바로 그 태도를 공간으로 구현한 곳이다.

천천히 농도가 쌓이는 경험—일 부코

다운타운 소호의 골목 끝에 자리한 일 부코Il Buco는 이 도시의 많은 이탈리안 레스토랑 중 가장 느린 감각을 보여주는 곳이다. 거칠게 노출된 벽돌, 촛불 조명 아래 놓인 빈티지 테이블까지— 이곳의 공간은 완벽하게 연출되었지만, 연출된 것 같지 않다는 점에서 특별하다. 빛은 충분하나 과하지 않고, 가구는 정갈하나 모범 답안처럼 보이지 않는다. 마치 오랜 친구의 부엌에 초대된 듯한 친밀감. 긴장을 풀게 만드는 미감. 그것이 일 부코가 지닌 공간의 태도다.

여기서의 식사는 빠르게 도달하는 만족이 아니라, 천천히 농도가 쌓이는 경험에 가깝다. 소박하고 꾸밈없는 이탈리안 요리는 복잡하지도 화려하지도 않다. 짠맛도, 단맛도 절제되어 있지만, 그 안에는 향이 깊게 배어 있다. 마늘과 레몬, 허브, 천천히 끓인 육수가 겹겹이 쌓여 만들어내는 여운. 느린 리듬에 어울리는 맛이다. 서두르지 않는 건 손님도 마찬가지다. 이곳에서는 음식과 대화, 감정이 동시에 천천히 익어간다.

일 부코는 뉴욕이라는 도시가 품은 또다른 층위의 짠맛을 보여준다. 복잡하지 않지만 깊고, 자극적이지 않지만 오래 여운을 남기는 이 도시의 레스토랑들이 감각을 앞세워 저마다의 언어로 말하고 있다면, 일 부코는 말하지 않는 방식으로 더 오래 기억되는 미식의 경험을 선사한다.

흥미롭게도 카사 레버, 치프리아니, 일 부코 모두 이탈리안 레스토랑이다. 하지만 이탈리안이라는 동일한 미식 코드도 뉴욕에서는 각기 다른 공간을 만나 전혀 다른 태도로 해석된다. 카사 레버는 밀라노식 정제와 현대미술의 긴장감을 결합한 세련된 도시형 이탈리안이고, 치프리아니는 베네치아 귀족의 전통과 격조가 살아 숨쉬는 고전적 이탈리안이다. 그런가 하면 일 부코에서는 남부 이탈리아 시골의 부엌을 옮겨놓은 듯한 자연스러움과 따뜻함이 느껴진다. 세 공간은 저마다의 방식으로 짠맛을 보여준다. 절제된 맛 속에 감각의 여운을 남기거나, 진하고 과감한 소스처럼 도시의 야망과 권위를 맛으로 증폭시키거나, 아니면 바닷물에 녹아든 소금처럼 식재료 하나하나에 자연스레 스며 있거나.

짠맛은 뉴욕이 가장 먼저 꺼내는 언어이자, 마지막까지 남기는 여운이다. 이 도시가 선보이는 다층적인 짠맛은 일상에 깃든 감각의 농도요, 익숙한 긴장이다. 짠맛은 혀를 자극하고, 목을 타고 흐르며, 순간적으로 모든 감각을 깨운다. 과하면 피로하지만, 적절하면 그리움이 되는 짠맛은 싫증과 매혹 사이의 미묘한 줄타기를 조율한다. 뉴욕은 바로 그 짠맛을 닮은 도시다.

하늘과 닿는 공간

뉴욕의 옥상에서 배우는
거리와 고독의 감각

뉴욕의 여름은 짧다. 그리고 그 짧은 여름을 뉴요커들은 결코 허투루 보내지 않는다. 매주 금요일이면 친구들이 모여 있는 메신저 창에 알림이 뜬다. "이번주 루프톱 어디야?" 마치 누가 더 좋은 루프톱을 아는지가 그 사람의 사회성을 보여주기라도 한다는 듯이. 브루클린의 로프트 아파트에 사는 친구들이 부러운 이유도, 맨해튼 미드타운의 월세 5000달러 아파트가 부러운 이유도 결국 같다. 그 빌딩 옥상에 루프톱이 있느냐 없느냐. 루프톱은 이 도시에서 가장 확실한 '인싸'의 증표다.

나 또한 주말이면 친구들을 불러 와인과 맥주, 과일과 간단한 타파스를 사 들고 우리집 루프톱에서 파티를 열었다. 매우 소박한 높이에 크기도 작은 공간이었지만 여덟 명 남짓인 우리에겐 충분했다. 낮에는 태닝을 하고, 해가 질 무렵엔 스피커를 꺼내 음악을 튼다. 루프톱에서 마시는 맥주는 지상에서보다 세 배쯤 더 시원하고, 대화는 세 배쯤 더 솔직하다. 허드슨강 너머로 해가

질 때쯤이면 다들 휴대전화를 꺼내 사진을 찍고, 서로 컵을 부딪치며 외친다. "이게 뉴욕이지!" 루프톱은 이렇게 사람들을 묘하게 들뜨게 만든다. 조금 더 자신감 있고, 조금 더 자유롭고, 조금 더 사랑받고 있다고 느끼게 만든다. 높은 곳에 있다는 사실만으로도 사람은 평소보다 더 잘 웃고, 더 많이 말하고, 더 자연스럽게 자기 자신을 내보이게 된다.

뉴욕의 루프톱은 단순한 옥상이 아니다. 그곳은 이 도시의 야망이 끝나는 자리이면서, 또 가장 높이 솟아오르는 무대다. 하늘을 가를 듯 솟구친 고층 빌딩들. 그 하나하나가 인간의 의지와 돈, 기술과 허영으로 쌓아올린 탑이라면, 루프톱은 그 모든 노력의 끝에 놓인 마지막 플랫폼이다.

지상에서는 수많은 목소리와 발걸음이 얽혀 소음을 만든다. 그 소음은 뉴욕의 숨결이자, 존재의 증명이다. 그러나 루프톱에 올라서는 순간, 도시 전체가 조용해진다. 높다는 것은 곧 자유이며, 동시에 권력을 뜻한다. 엘리베이터 문이 열리고, 지상의 소음과 공기의 밀도가 전혀 다른 무언가로 갑자기 바뀌는 순간. 사람들은 잠시 숨을 죽이고, 모두 같은 표정을 짓는다. 그리고 어딘가 조금 더 당당해진 얼굴. 루프톱이 주는 감각은 그렇게 사람의 태도를 바꾼다.

높은 곳에 선다는 것은 언제나 인간에게 두 가지 감각을 동시에 안긴다. 우리는, 끝없이 펼쳐진 도시의 불빛을 내려다보며 마치 이 모든 것을 소유한 자라도 된 듯한 전시욕exhibitionism을 느낀다. 그러나 동시에, 그 높이는 주변의 시선을 차단해 가장 안전하고 은밀한 은둔의 공간을 만들어주기도 한다. 루프톱은 이렇게 '보이고 싶은 마음'과 '숨고 싶은 마음'이라는 상반된 욕망을 하나의 공간 안에서 동시에 충족시킨다.

그래서 루프톱은 단순한 옥상이 아니라, 사회적 자본의 척도가 된다. 루프톱이 딸린 호텔, 레스토랑, 아파트는 언제나 브랜드 가치에 있어 다른 공간을 압도한다. 뉴욕 부동산 광고의 클리셰처럼, '프라이빗 루프톱 테라스Private Rooftop Terrace'라는 문구만으로도 가격이 수만 달러씩 뛸 정도다. 그렇게 보면 루프톱은 '하늘에 닿는 권리'가 거래되는 곳이며, 그 권리를 가진 자만이 도시에서 더 큰 목소리로 말할 수 있다고 선언하는 공간이다. 루프톱은 공간이 야망을 완성하는 방식을 노골적으로 보여준다. 가장 높은 곳에서만 느낄 수 있는 평온, 바로 그것이 루프톱 공간이 우리에게 선사하는 가장 사치스러운 위로다.

또한 루프톱은 언제나 파티의 공간이다. 크리에이터, 스타트업, 패션과 미디어 업계 사람들은 클럽 대신 루프톱에 모인다. 샴페인 잔이 부딪치고, 낮은 음악 속에서 아이디어가 싹트며, 계약이 이루어진다. 어떤 커플은 루프톱에서 사랑을 시작하고, 어떤 커플은 그곳에서 이별을 맞이한다. 루프톱은 도시에서 가장 빠르고 조용하게 권력과 감정이 이동하는 장소다. 높은 곳에서 내려진 결정은 언제나 지상에서의 그것보다 더 큰 파장을 낳는다.

뉴욕의 루프톱 공간들

뉴욕의 루프톱 디자인은 대체로 간결하다. 필요 이상으로 장식하지 않는다. 어차피 가장 큰 장식은 그곳에서 내려다보이는 도시의 풍경이니까. 강렬한 컬러도, 화려한 패턴도 필요 없다. 철제 구조물, 콘크리트, 유리, 그리고 야경. 이 네 가지면 충분하다. 루프톱은 높은 곳에 있다는 사실만으로 이미 완성된 무대다.

230피프스 루프톱 바230Fifth Rooftop Bar에 앉아 있으면, 이 도시가 얼마나 거대하면서도 동시에 인간적일 수 있는지를 실감하게 된다. 겨울이면 투명한 돔 텐트 안에 테이블이 놓이고, 은은한 열을 내뿜는 히터가 분위기를 채운다. 돔 너머로 보이는 엠파이어 스테이트 빌딩Empire State Building은 손에 닿을 듯 가까우면서도, 유리 너머 풍경처럼 비현실적이다. 돔 안의 사람들은 서로에게 조금 더 솔직해진다. 추위로부터 보호받는다는 안도감, 그리고 루프톱이 주는 높은 시야가 가져다주는 묘한 자신감. 이 작은 투명 텐트 안에서 마시는 칵테일 한 잔은, 지하 바에서의 열 잔보다 더 깊고 오래가는 취기를 선사한다.

스탠다드 하이라인Standard High Line 호텔에 위치한 르 뱅Le Bain은 또다른 경험을 제공한다. 르 뱅은 루프톱 클럽이면서, 자쿠지 풀과 미러볼, 그리고 허드슨강 뷰를 동시에 갖춘 공간이다. 밤이 되면 미러볼의 빛이 물 위에 반사되고, 베이스 소리가 몸속 장기를 울린다. 사람들은 춤을 추면서도, 틈틈이 난간으로 가 도시를 내려다본다. 그 순간만큼은 클럽의 음악보다 뉴욕의 야경이 더 큰 비트를 만든다. 바닥 면적은 넓지 않지만, 그 좁은 공간이 품고 있는 시야는 광활하다. 그래서 루프톱에서의 한 모금, 한 대화, 한 침묵은 지상에서의 그것보다 훨씬 더 강렬하게 감각된다.

퍼블릭 호텔PUBLIC Hotel의 루프톱은 미니멀리즘의 정수를 보여준다. 철제 펜스, 유리 난간, 심플한 라운지 체어, 최소한의 바. 장식은 거의 없지만, 시야가 모든 것을 압도한다. 이 루프톱은 도시와 하늘의 경계를 흐리게 하여, 밤이 되면 빌딩의 빛과 하늘의 어둠이 하나로 섞인다. 그 안에 있노라면 나 자신이 어디에 있는지조차 잠시 잊게 된다. 몸도, 생각도, 야망도 잠시 가벼워지는 기분. 이곳은 마치 이렇게 말하는 듯하다. '높음의 의미는, 올라가는 것이 아니라 내려다보는 것에 있다.'

와이스 호텔Wythe Hotel의 루프톱, 아이즈 바Ides Bar는 브루클린에서도 가장 특별한 시선을 선사한다. 1901년 코퍼리지 공장을 개조해 지은 붉은 벽돌 건물 꼭대기에 자리한 이 루프톱은 실내 바 공간과 야외 테라스가 자연스럽게 이어져 있으며 사계절 내내 개방된다. 가죽 소파, 황동 바 카운터, 스틸 프레임 창이 만들어내는 인더스트리얼 감성은 브루클린의 거칠고도 세련된 공기를 그대로 담고 있다. 무엇보다 이곳에서 바라보는 맨해튼 스카이라인은 고층 빌딩 위 루프톱의 '정복자' 시선과 달리, 강을 사이에 두고 도시를 적당히 떨어져 바라보게 한다는 차이가 있다. 뉴욕을 지배하기보다는, 한 폭의 풍경화처럼 음미하게 만드는 곳이랄까. 아이즈 바는 루프톱이 단순히 높은 곳이 아니라, 도시를 관조하는 태도를 설계하는 공간임을 조용히 증명한다.

루프톱은 결국 이 도시가 설계한 권력의 정체를 보여주는 가장 완벽한 은유다. 지상에서의 경쟁과 소음, 속도와 욕망은 모두 아래로 내려가고, 그 높은 자리에서는 '더이상 오를 곳이 없다'는 묘한 평온이 생긴다. 그 평온은 권력자가 느끼는 권태 같기도 하고, 승자가 느끼는 잠깐의 고독 같기도 하다. 그러나 사람들은 그 고독을 두려워하지 않는다. 오히려 즐긴다. 루프톱은 말한다. '이 모든 것이 결국 당신을 위해 설계된 풍경이다.'

이곳에 오르면 처음엔 누구나 조금 들뜬다. 높은 곳에 올라섰다는 사실만으로도, 마치 이 도시를 다 가진 것 같은 기분이 든다. 바람은 시원하고, 불빛은 눈부시며, 내 인생도 이렇게 빛나고 있는 듯 느껴진다. 그러나 그 감각은 오래가지 않는다. 해가 지고 사람들의 웃음소리가 하나둘 사라진 뒤 홀로 난간에 기대어 도시를 내려다보노라면, 방금 전까지 나를 떠받치던 그 모든 빛이 사실은 내 것이 아니었음을 깨닫게 된다.

루프톱은 사람을 잠시 띄워 올렸다가도, 결국 이 도시가 만들어낸 허상의 바닥으로 부드럽게 내려앉힌다. 뉴욕이라는 도시는 늘 그렇다. 한순간 모든 것을 가질 수 있을 것 같은 환상을 주지만, 그 끝에는 언제나 아무도 모르게 혼자 내려와야 하는 계단이 기다리고 있다. 그럼에도 사람들은 다시 루프톱에 오른다. 허상일지라도, 그 높이에서만 볼 수 있는 풍경이 있고, 그 낙하를 경험해야만 비로소 배울 수 있는 태도가 있기 때문이다.

감정의 창 속으로

유리 너머의
독백을 듣다

파리의 명문 국립고등예술학교인 에콜 데자르 데코라티프 École Nationale Supérieure des Arts Décoratifs(ENSAD)에 교환학생으로 머물던 시절, 나는 거의 매일 파리를 걸었다. 대중교통에 익숙지 않아서이기도 했지만, 무엇보다 아름답고 매력적인 파리의 거리 곳곳을 걸으며 느껴지는 감흥을 즐기고 싶었다. 처음에는 도시가 낯설고, 언어도 불편했다. 그래서 사람들과 어울리기보다 도시의 벽과 창문, 간판과 돌길을 친구 삼아 걸었다. 주거지였던 18구 생몽마르트에서 6구 생제르맹, 센강을 따라 뤼 드 리볼리 rue de Rivoli까지, 혹은 마레 지구의 좁은 골목을 따라 생루이섬까지. 아침 산책을 특히 좋아했던 나는 주말이면 카페 크렘 한 잔을 들고 뤼 드 리볼리나 뤼 생토노레를 걷곤 했다. 거리에서 만나는 풍경들 가운데 유독 나를 자주 멈춰 세운 것은 다름 아닌 쇼윈도였다.

거리의 쇼윈도들은 마치 도시의 호흡처럼 질서 있게 배치되어 있었고, 그 안에는 이야기가 하나쯤 숨어 있었다. 어쩌면 그것은 브랜드의 마케팅 전략이었을 수도 있지만, 나에게는 매번 신선하게 나를 맞아주는 친구처럼 반갑게 느껴졌다. 나는 그 안에서 물건보다 감정을 먼저 읽었다. 매 시즌 패션이 바뀌면 창도 변했고, 매장은 늘 내게 다른 이야기를 건넸다. 쇼윈도를 마주할 때마다, 마치 침묵 속에서 펼쳐지는 감정 연극을 보는 듯한 기분이 들었다. 말 한마디 없지만 장면은 완성되어 있고, 관객은 오직 나뿐인 연극. 이 도시는 유난히 조용한 방식으로 나에게 말을 걸었다.

세계 어느 도시에 가나 쇼윈도는 존재하지만, 파리의 쇼윈도는 유독 더 예술적이고 철학적이며 감정적이다. 뉴욕이 브랜드의 정체성을 직선적으로 드러내고, 도쿄가 정보의 과잉을 시각화한다면, 파리의 쇼윈도는 말없이도 감각으로 설득한다. 유리창 너머로 건네는 메시지는 절제되어 있으면서도 상징적이어서, 제품이 아닌 감정과 태도를 전시하는 듯 보인다.

그 차이는 속도에서 비롯된다. 파리의 쇼윈도는 급박하지 않다. 빨리 팔아야 한다는 목적보다, 브랜드가 오래도록 간직해 온 인상을 남기려는 의도가 더 우선시된다. 계절을 곱씹고, 소재를 탐구하며, 때로는 예술작품처럼 창을 구성하기도 한다. 그래서 파리의 쇼윈도는 마치 한 편의 시와 같다.

파리에서는 쇼윈도를 단순한 '상업적 진열'로 보지 않는다. 매년 12월이면 백화점과 매장마다 크리스마스 쇼윈도 전시를 선보이고, 그 앞으로는 어린이부터 어른까지 많은 이가 모여든다. 브랜드가 시민들에게 감각적 경험을 선물하는 순간, 그것이 바로 파리 쇼윈도가 사회적으로 존재하는 시간이다.

쇼윈도의 역사는 18세기 후반 산업혁명과 함께 시작되었다. 대량생산된 상품이 유통되기 시작하면서, 상점은 단순한 거래의 장소가 아니라 '보여주는 공간'이 되어야 했다. 19세기 오스만의 재개발 시대에는 도시 전체가 보행자를 위한 구조로 재편되었고, 이때부터 길을 걷는 행인을 위한 '시선의 무대'로서 쇼윈도가 본격적으로 등장했다. 유리 기술의 발전은 이 무대를 더욱 극적인 장소로 만들었다. 20세기 초, 백화점이 등장하면서 쇼윈도는 계절마다 바뀌는 이야기의 장치가 되었고, '비주얼 머천다이징visual merchandising'이라는 전문 분야까지 생겨났다. 매장 밖 유리를 사이에 둔 그 작은 공간은 하나의 이야기, 감정, 가치관을 연출하는 압축된 무대가 되었으며, 브랜드가 공간을 통해 고객에게 말을 거는 가장 강력한 채널이 되었다. 그것이 바로 쇼윈도다.

쇼윈도를 예술로 만든 사람들

한때 나는 쇼윈도 디자이너를 꿈꾸기도 했다. 온갖 기상천외한 상상력으로 그 작은 공간에 나만의 세계를 만들었다 또 부수는 전지전능한 힘을 가진 직업 같아서.

쇼윈도 디자이너는 단순한 진열 전문가가 아니다. 이들은 시각 연출가이자 감각의 큐레이터이며, 브랜드 철학을 번역하는 이야기꾼이다. 내가 선망했던 비주얼 아티스트 레일라 멘샤리Leïla Menchari를 소개하고 싶다. 멘샤리는 튀니지 출신 여성 디자이너로, 동양적 색채와 장식적 디테일을 파리 특유의 절제미와 결합해 새로운 에르메스Hermès를 창조한 인물이다. 그는 1978년부터 2013년까지 에르메스 파리 포부르 생토노레Faubourg Saint-Honoré 매장의 쇼윈도를 총괄하며, 쇼윈도를 '브랜드의 시'가 적히는 공간으로 끌어올렸다. 그의 쇼윈도는 실제 판매와 관계없이 설화, 판타지, 문학에서 영감을 받아 구성되었다. 멘샤리의 철학은 한마

디로 요약할 수 있다. '나는 상품이 아닌 꿈을 연출한다.'

쇼윈도 디자이너들이 만든 창문 앞에서 우리는 물건을 사기 전에 먼저 감정을 느낀다. 가만히 멈춰 서서 감탄하거나, 눈을 빛내거나, 상상한다. 좋은 쇼윈도는 판매를 유발하기보다 기억을 남기는 것이라고 나는 생각한다. 쇼윈도는 일종의 언어다. 어떤 언어는 기하학적이고 절제되어 있으며, 어떤 언어는 과장되어 있고 서사적이다. 파리에서는 쇼윈도 자체가 하나의 짧은 산문시 같고, 때로는 설치미술처럼 느껴지기도 한다.

도시적 감성의 큐레이션

르 봉 마르셰Le Bon Marché는 단순한 백화점이 아니라, 거대한 큐레이션 공간이다. 그곳의 쇼윈도는 제품을 나열하는 장소라기보다 계절과 도시의 정서를 엮어 스토리텔링하는 캔버스에 가깝다. 특히 시즌별 디스플레이는 항상 감정을 중심에 둔다. 봄에는 투명한 유리 꽃이 바람에 흔들리는 듯 배치되고, 겨울에는 대형 종이 조형물이 눈처럼 쌓인다. 그 중심에는 언제나 '이곳에서 당신은 어떻게 살아가고 싶은가'에 관한 상상이 자리한다.

르 봉 마르셰에서 쇼윈도는 단순한 기능을 넘어 하나의 사회적 제안이 된다. '이런 방식으로 공간을 꾸며보면 어때요?' '이 계절엔 이런 감각으로 입어보세요.' 르 봉 마르셰의 쇼윈도는 고객에게 소비하라고 강요하지 않는다. 대신 이 감각을 경험해보라고 조용히 설득한다. 그것은 세일즈보다 상품을 소개하는 태도의 문제로, 이때 쇼윈도는 단기적 판매보다 장기적 취향을 구축하는 도구가 된다.

그 대표적인 장면이 바로 르 봉 마르셰 160주년 기념 쇼윈도였다. 프랑스 영화계의 전설, 카트린 드뇌브Catherine Deneuve를 테마로, 그를 장난스럽게 캐릭터화한 삽화들로 도시적 판타지를 창조해냈다. 그 쇼윈도에서 드뇌브는 작은 만화 캐릭터가 되어 오르세미술관, 앵발리드, 에펠탑 등을 누볐다. 이 장면은 단순한 연출을 넘어, 파리라는 도시를 감정적으로 순례하는 하나의 서사였다. 나는 이 쇼윈도 앞에서 한참을 구경하며 시간을 보냈다. 내 옆에서는 아이들이 웃고, 어른들이 감탄하는 보기 드문 장면이 펼쳐졌다. 르 봉 마르셰의 160주년 쇼윈도는 시공간을 초월한 경험을 제공하는 공간적 연출로 그렇게 많은 사람의 기억에 남았다.

말 없는 이야기의 건축

뤼 드 세브르rue de Sèvres에 자리한 에르메스 매장은, 원래 1930년대에 지어진 한 수영장을 레너베이션한 공간이다. 이곳은 에르메스 특유의 장인 정신과 현대적 절제미가 교차하는, 오직 이 브랜드만이 구현할 수 있는 정서를 품고 있다. 특히 입구 오른편에 위치한 쇼윈도는 계절마다 다른 이야기를 들려주며, 언제나 나를 멈춰 서게 만든다. 어떤 계절에는 투명한 구형 오브제 안에 실크 스카프가 매달려 있고, 또 어떤 시즌에는 기묘하게 쌓인 나무 조각 위에 말안장이 걸려 있다. 각각의 연출은 대사가 없는 연극처럼, 정적인 구성 안에 강렬한 메시지를 담고 있다. 에르메스의 쇼윈도는 상품을 전시하지 않는다. 그것은 감정을 전시한다. 정교하지만 단조롭지 않고, 고요하지만 풍성하다. 그래서 한 번도 상품에 관심을 두지 않았던 사람조차 그 앞에서 잠시 걸음을 멈추게 된다. 이는 단지 디자인의 승리가 아니다. 공간이 감정을 이끄는 태도의 승리다.

　　쇼윈도는 상품을 보여주는 '진열창'이 아니라, 공간의 태도를 보여주는 '연극무대'다. 그 안에서 사물은 단지 팔리기 위한 물건이 아니라 하나의 상징이 되고, 대사 없는 배우가 된다. 파리의 거리에서 이 무대들은 도시의 감도와 브랜드의 철학을 교차시키며 끊임없이 새로워진다. 연극이란 결국 우리의 감정을 리허설하게 하는 구조다. 쇼윈도는 말없이 메시지를 건넨다. '이 감정을 살펴보세요.' 공간은 그렇게 우리 안에 감정을 설계한다.

　　쇼윈도의 스토리텔링은 우리에게 무언가를 사야 한다는 압박이 아닌, 이 도시를, 이 브랜드를, 이 감정을 함께 느껴보라는 초대를 건넨다. 그것은 곧 도시적 정서의 공유다. 아름다움에 대한 사랑, 프랑스 전통의 여유, 그리고 유쾌하면서도 대담한 표현력. 그 세 가지를 모두 잡으며 쇼윈도는 단지 상업적 도구가 아닌, 문화적 경험의 입구가 될 수 있다는 걸 스스로 증명해 보인다. 우리는 쇼윈도 앞에서 감탄하고, 미소 짓고, 잠시 멈추고, 기억한다. 그 짧은 찰나의 감정이 축적되어 도시를 특별하게 느끼게 되고, 브랜드의 정서에 감응하게 되며, 결국 우리 자신도 조금 더 세밀하게 감각하게 된다.

모두가
다르게 닮아간다

서울 아파트의 무채색 풍경

서울에서 아파트는 개인의 삶을 담는 사적인 공간에 머무르지 않는다. 오히려 시대의 욕망, 도시의 불안, 사회의 태도가 구조적으로 새겨진 집합적 양식에 가깝다. 설계도는 바뀌지 않고, 층수만 달라질 뿐이며, 그 안에 채워지는 가구와 자재, 색과 조명마저도 점점 닮아간다. 같은 평면도 안에서 사람들은 저마다 개성을 찾으려 애쓰지만, 결과적으로 많은 집이 비슷한 톤, 같은 구성, 같은 조도를 향해 정렬된다. 한국식 아파트 인테리어는 점점 더 '정답에 가까운 무언가'를 향해 움직이고 있는 듯하다.

인스타그램 알고리즘과 블로그 후기, 유튜브 룸 투어 영상이 만들어낸 일종의 매뉴얼이 존재하고, 그 매뉴얼은 누구에게나 열려 있지만, 그만큼 무조건 따라야만 할 것 같은 압박감도 내포한다. 사람들은 '실패하지 않는 인테리어'를 선택하며, 각자의 공간을 하나의 공식처럼 디자인한다. 그 공식은 대개 이렇다. 우드 플로어, 크림 톤 벽지, 무몰딩 도어, 무광 아일랜드 키친, 라인

간접조명, 낮은 소파. 집을 구성하는 재료는 적을수록 좋고, 색은 비슷할수록 편하다. 그 안에서 집은 누구의 것도 아닌, 모두의 것이 된다. 그것은 마치 개성이 삭제된 감정의 배경지처럼 말이 없고 조용하며 안전하다.

서울의 인테리어는 개성을 드러내기 위한 작업이라기보다, 오히려 불안을 줄이기 위한 선택에 가깝다. 너무 튀지 않고, 너무 낯설지 않을 것. 지나치게 유니크하지 않되, 철 지난 스타일 같아 보이지도 않을 것. 그 중간값을 찾기 위해 사람들은 부단히 브랜드를 공부하고, 유명한 인플루언서의 집을 벤치마킹한다. 또 시공자들은 "요즘 다들 이렇게 해요"라는 말로 확신을 주려한다. 결국 선택의 자유가 주어져도, 사람들은 자유 대신 정답을 선택한다. 인테리어는 점점 더 단정해지고, 공간은 점점 더 말을 아낀다. 그 조용함 속에 감정은 남아 있을 자리를 잃는다.

USM이 서울의 감각을 설계한 방식 

한때 서울의 집 안을 채웠던 유행 가구들이 있다. USM 모듈러 시스템.▪ 스위스에서 시작된 USM은 원래 기업용 오피스 가구였다. 금속 프레임과 볼 조인트로 조합되는 구조는 기능적으로 유연했고, 심미적으로 절제되어 있었다. 이 가구는 보이지 않게 정리하면서도 고급스럽게 존재하는 미니멀리즘의 정수처럼 여겨지면서, 디터 람스나 부르노 무나리 같은 유럽 모더니스트의 디자인 철학을 연상케 했다.

유럽과 미국의 인테리어에서

▪

USM Modular System. 1960년대 스위스 뮌싱겐에서 건축가 프리츠 할러가 설계한 USM 할러사의 금속 모듈 가구 시스템으로, 볼 조인트 구조를 이용해 다양한 형태로 조립이 가능하다.

217

USM은 오래전부터 세련된 실용주의의 아이콘이었다. 그러나 서울에서의 유행은 조금 달랐다. 인테리어 콘텐츠가 유튜브, 인스타그램, 블로그를 통해 빠르게 번지던 시절, 감각적인 집이라 불리는 공간에는 어김없이 USM 수납장이 있었다. 원색의 서랍장, 무광의 메탈 프레임. 비워진 상판 위에는 무인양품 디퓨저나 아틀리에 앤드 프로젝트Atelier & Project의 책 몇 권이 놓여 있다. 사람들은 어느 순간, 이 구조적인 가구를 단순한 수납장이 아닌 하나의 태도로 읽기 시작했다. '센스 있는 사람의 집.' 그것은 좋은 책장을 둔다는 의미가 아니라, USM을 둠으로써 자신이 어떤 감각으로 사는 사람인지를 표현하는 방식이었다.

그렇게 이 금속 구조물은 감각과 여유, 독립성과 정돈의 상징이 되었다. 정품은 수백만 원에 달했지만, 오늘의집과 네이버 스마트스토어에는 수많은 유사품이 쏟아졌다. 이름은 제각각이라도, 조인트 볼과 철제 프레임, 그리고 차가운 색감은 거의 닮아 있었다. 정품을 가질 수 없어도 '비슷한 감각'만큼은 소유하고 싶었던 것이다. USM은 결국 브랜드를 넘어선 정서적 욕망의 대상이 되었다. 기능이 아닌 태도, 수납이 아닌 존재감. 사람들의 집 안에서 USM은 그렇게 하나의 풍경이 되었다.

나 역시 한때 USM을 진지하게 검토했던 적이 있다. 뉴욕에서 유엔 사무국 공간 디자인 프로젝트에 참여했을 때, 그 메탈릭하고 정제된 조합식 가구는 '국제적인 균형감'을 보여줄 수 있는 적당한 선택지처럼 보였다. 사무적이면서도 세련되고, 정돈되어 있으면서도 권위를 지나치게 드러내지 않는 균형감. 하지만 결국 나는 그것을 선택하지 않았다. 너무 완벽하게 정리되어 있었고, 그만큼 차갑고 계산된 인상이 강했기 때문이다. 그 안에는 감정이 머물 자리가 없었다. 오히려 공간을 흐르게 하는 여백이나 우연성, 인간적인 비정형의 기운이 눌려버리는 느낌이었다. 지나치게 효율적인 것, 정확한 것, 스스로를 너무 잘 알고 있는 듯한 태도에 대해 나는 늘 경계심이 있다.

그래서일까. 나는 지금도 어떤 공간에서 USM을 마주하면, 그 안에 배치된 단정함에 대한 강박, 감정보다 앞서는 효율성, 그리고 표면적 질서가 만든 거리감 같은 것들을 먼저 읽게 된다. 지금도 서울의 수많은 아파트에서, 그 가구는 여전히 같은 태도로 자리를 지키고 있다.

이처럼 한국의 아파트에서 선택되는 가구나 오브제는 각자의 공간이 사회적 감각을 얼마나 빠르게 학습하고 있는지를 보여주는 지표가 된다. 사람들은 기능보다 그 가구가 주는 인상을 소비하며, 그 브랜드를 선택한 사람으로 보이고 싶다는 욕망을 은연중에 드러낸다. 디자이너의 철학이나 제작 방식보다는, 그 가구를 둔 집이 만들어내는 어떤 이미지나 분위기를 더 중요하게 여기는 것이다. 그렇게 선택은 취향의 문제가 아닌, 감정의 연출 방식이 된다.

이런 일률적인 가구 선택은 한때의 감각이 되었다가, 이제는 너무 흔해져 전형이 되었다. 조형적 가치나 역사적 의미보다도 '있어 보인다'는 이유로 선택된 가구들. 그 감각은 인스타그램 피드와 블로그 후기를 타고 빠르게 퍼져나갔다. 마치 모두가 같은 정답을 공유하고 있는 듯, 집의 구성은 점점 더 유사해지고, 색감과 재료, 조명까지 비슷한 방식으로 정렬된다. 유행은 '감각 있는 사람'이라는 사회적 신호가 되었고, 어떤 가구들은 좋은 취향의 아이콘이 되었다. 하지만 그 선택들은 감정의 자연스러운 발현이라기보다는, 사회적 태도를 연출하는 방식에 가깝다. 다이닝룸에 놓인 크고 비싼 원목 식탁은 함께하는 식사보다는 케이크와 잡지를 위한 연출 소품이 되고, 거실의 책장은 책보다 브랜드 캔들과 오브제로 채워진다. 주방은 요리를 위한 공간이라기보다 청결과 정돈을 전시하는 장소로 기능하며, 욕실의 조명은 화장보다 셀카를 위한 구도에 최적화되어 있다.

이런 구성은 철저히 이미지 중심적이다. 집은 점점 더 '사는 공간'에서 '보이기 위한 공간'으로 이행하고 있고, 그 안에서는 감정보다 태도가, 기억보다 기호가 더 먼저 공간을 이끈다.

하지만 그렇다고 이 공간들이 비어 있다고 말할 수는 없다. 오히려 그 안에는 서울이라는 도시가 감정을 드러내지 않고 살아가는 방식, 복잡한 사회 속에서 개인들이 자신을 방어하는 전략이 조용히 새겨져 있다. 실패하거나 어긋날까 두려운 마음, 너무 튀고 싶지 않은 욕망, 그래서 우리는 공간조차도 안전하고 무난하게, 서로 닮게 만든다. 같은 평면이지만, 서로 다른 마음이 채워져 있는 구조. 이곳에서 감정은 숨겨지고, 태도만이 정제된 형식으로 드러난다. 그리고 그런 조심스러운 닮음이야말로, 서울 아파트가 존재하는 방식이다. 겉으로 감정을 드러내지 않는 비슷비슷한 평면 안에는 서로 다른 선택과 감정의 무늬가 켜켜이 쌓여 있다.

그러고 보면, 도시의 주거 공간은 그곳에 사는 사람들의 태도와 삶의 리듬을 닮았다.

뉴욕의 로프트는 구조가 삶의 중심이다. 미완의 콘크리트 벽, 드러난 파이프, 높고 비어 있는 공간. 불편함조차 하나의 정체성으로 받아들이기. 그 공간은 기능보다는 자유, 실용보다 자율을 향한다. 그런가 하면 파리의 아파트는 감정이 공간에 자연스럽게 묻어나는 곳이다. 오래된 마룻바닥의 삐걱거림, 각자의 시간이 스며든 가구, 실용보다는 정서의 밀도가 우선시되는 구조. 이곳에서는 규격보다는 개성, 정돈보다는 흔적이 중요하게 여겨진다. 한편 런던의 주택들은 절제된 감각과 전통의 균형 위에 있다. 벽난로와 꽃무늬 벽지, 가족사진이 붙은 냉장고와 클래식한 키친 캐비닛이 공존하는 공간. 실용과 격식, 과거와 현재가 조화롭게 얹혀 있는 감정의 구조다.

그 어떤 도시보다 빠르게 변하는 서울의 아파트는 효율적으로 진화하는 주거 공간이다. 평면은 기능적으로 정리돼 있고, 인테리어는 시대의 흐름에 민감하게 반응하며 매번 새롭게 거듭난다. 사람들은 '이상적인' 집을 만들기 위해 끊임없이 정보를 찾고, 서로의 선택을 참고하며, 조금 더 나은 방향을 고민한다. 유행을 따라가면서도, 그 안에 자신만의 선택을 조금씩 끼워 넣는다. 그 과정에서 비슷한 스타일이 반복되기도 하지만, 그것은 창의의 부족이라기보다, 변화가 많은 도시 안에서 서로를 위한 공통의 언어를 만들어가는 과정처럼 느껴지기도 한다.

뉴욕이 자율로, 파리가 감성으로, 런던이 전통으로 공간을 표현한다면, 서울은 섬세한 판단과 공통 감각으로 공간을 조율한다. 그 조율은 조용하면서도 빠르게 이뤄진다. 서울의 빠른 감각 조율은, 도시 사람들이 집이라는 공간에 담고 싶어하는 섬세한 이상과 배려를 현실로 구현하는 과정이다. 아파트 곳곳의 선택과 배열, 색과 소재의 결정, 작은 디테일 하나하나가 모두 그 과정을 보여준다. 서울의 아파트 인테리어는 그래서 단순히 '유행을 따라가는 구조'가 아니라, 지금 여기에서 최대한 잘 살아내기 위한 치열한 감각의 조율이라고 할 수 있다. 모두가 똑같아 보이는 순간에도, 각자의 선택에는 나름의 사연과 이유가 있다. 모두가 다르게 살고 있지만, 모두가 비슷한 고민을 안고 있다. 그 안에는 감춰진 불안도, 조용한 이상도 있다. 우리는 이 도시에서, 모두가 다르게 닮아가는 방식과, 같은 평면 안에 담긴 서로 다른 마음을 읽어낸다.

도시의 숨결,
공원이 설계하는 휴식의 질서

삶을 지지하는 공간의 힘

파리의 공원은 단순한 녹지가 아니다. 그곳은 도시의 리듬을 늦추고, 사람의 마음을 정돈하도록 정교하게 설계된 공간 구조다. 파리의 공원은 '걷는 공원'이 아니라 '앉는 공원'이다. 사람들은 벤치가 아니라 의자를 옮겨 자신만의 자리를 만든다. 런던이나 뉴욕의 공원이 포장되지 않은 자연적인 숲의 감각을 준다면, 파리의 공원은 조경, 조각, 회랑, 산책로까지 완벽히 설계된 질서 속에서 휴식을 경험하게 한다.

파리의 거리에는 유난히 고요한 여백들이 있다. 석조 건물들 사이, 빼곡한 골목 끝, 혹은 바쁜 도로 옆에서 불쑥 등장하는 초록의 공간. 그곳은 단지 남는 땅이 아니라, 도시가 감정을 숨쉬게 하기 위해 정교하게 마련해둔 여백이다. 파리의 공원은 도심 구조 안에 내장된 하나의 태도다. 기능을 넘어, 감정의 호흡을 디자인하는 장소.

그 안에서 가장 먼저 느껴지는 건 멈춤이다. 파리의 공원은 사람을 부지런히 걷게 하기보다, 자연스럽게 정지하게 만든다. 걷다가 발걸음을 멈추고, 나무 그늘 아래 놓인 철제 의자에 앉아 책을 펼치거나, 말없이 하늘을 바라보거나. 이곳에서는 머무르는 게 움직이는 것만큼 자연스럽다. 공원이 안내하는 감정의 리듬은 움직임이 아닌 멈춤에 가깝다. 동선을 따라 흘러가는 공간이 아니라, 시선을 중심으로 설계된 공간. 나무의 간격, 벤치의 방향, 연못을 둘러싼 의자 배치까지, 어디든 '잠시 앉을 수 있도록' 정교하게 설계되어 있는 곳. 그래서 이곳에서는 혼자 앉아 있는 사람도 사회적 풍경이 된다.

그 풍경 속에는 여유를 아는 사람들, 파리지앵의 삶의 태도가 녹아 있다. 파리지앵은 잠깐의 산책을 즐긴다. 목적지 없이 걷고, 멈추고, 앉는다. 조깅이나 운동 같은 기능적 행위가 아니라, 그냥 공간을 누비는 일상의 루틴. 그러다 벤치에 앉아 점심을 먹고, 아이를 재우고, 혹은 아무 말없이 연못을 바라본다. 이 느슨한 시간 속에서 도시의 긴장은 풀리고 삶의 리듬은 천천히 정돈된다. 파리의 공원은 이 도시가 사람들에게 건네는 말이 가장 잘 들리는 곳이다. '조금 쉬어가도 괜찮아.' '천천히 해도 좋아.' 도시 바깥이 아닌 도심 한가운데서 들려오는 이 속삭임은, 그래서 더욱 설득력 있게 들린다.

파리의 공원은 무언가를 하기 위한 장소가 아니다. 오히려 아무것도 하지 않아도 괜찮은 장소다. 그 관용의 태도야말로 이 도시가 설계한 가장 정교한 질서이며, 삶을 감정적으로 지지하는 공간의 힘이다.

정서적 완충 지대—튈르리정원과 뤽상부르정원

이 도시의 공원들은 결코 무심하게 배치되어 있지 않다. 튈르리정원Jardin des Tuileries은 루브르에서 콩코르드까지 곧게 이어지는 축 위에 펼쳐지고, 뤽상부르정원은 궁전을 중심으로 대칭적 질서를 이룬다. 공원의 크기와 형태는 제각각이지만, 하나같이 도시의 흐름을 이완시키는 '정서적 완충 지대'로 기능한다. 건물들이 직선적이고 강한 리듬을 형성한다면, 공원은 그 사이에 부드러운 쉼표를 삽입한다.

디자인적으로도 이 공원들은 매우 정교하게 구성되어 있다. 입구에서 연못이나 조각상으로 이어지는 시선의 축, 산책로의 선형적 배열, 나무의 반복적 배치는 모두 방문객의 감각 흐름을 섬세하게 유도한다. 무작위의 자연이 아니라, 계산된 자연스러움인 것이다.

공원의 가구 또한 그 일관성을 따른다. 프랑스 상원에서 관리하는 녹색 의자는 이동이 가능하도록 매우 가벼운 철재로 만들어져 있다. 단순하고 단일한 디자인의 의자이지만 사람들은 저마다의 방식으로 그것을 배열한다. 한쪽 다리를 의자 위에 올리고 책을 읽는 사람, 의자 두 개를 붙여 낮잠을 자는 사람, 분수를 향해 등받이만 돌려 앉은 사람. 같은 형태의 가구가 '개인의 태도'를 담아내는 그 방식이야말로 파리 공원의 디자인이 완성되는 모습이다.

공원의 구조적 질서 또한 심리적 안정을 유도한다. 프랑스 특유의 좌우대칭 구도, 나무와 길, 물과 의자의 배치 방식은 우리로 하여금 일종의 균형감을 느끼게 한다. 질서 있는 공간은 감정에도 리듬을 만들어주며, 시선을 머무르게 하고 생각을 차분하게 가라앉힌다. 무질서한 도시 한가운데서 의도된 대칭은 아름다움을 넘어 감정의 평형감을 만들어주는 장치가 된다.

빛과 소리 역시 섬세하게 설계되어 있다. 플라타너스 사이로 스며드는 부드러운 산광散光, 분수대의 일정한 수압, 이따금 불어오는 바람의 방향—공원을 이루는 요소는 모두 의도된 연출이다. 도시 속 시스템 안에서 자연을 기획하는 방식이 이처럼 조화로운 경우는 드물다. 파리의 공원은 자연처럼 보이는 인공이 아니라, 사람의 감정을 정돈하기 위해 세심하게 디자인된 자연이다.

파리의 공원 중 '완성된 정원'의 형식을 가장 잘 보여주는 곳을 꼽으라면 단연 뤽상부르정원이다. 내가 교환학생 시절 다니던 학교는 이 공원에서 도보 5분 거리에 있었다. 점심을 먹으러 자주 찾았던 이 공간은 매 순간 작은 파리의 정취를 경험하게 해주었다. 정원의 중심에는 정사각형 연못이 있고, 그 둘레를 따라 철제 의자들이 원형으로 배치된다. 아이들은 작은 배를 띄우고, 어른들은 의자를 원하는 방향으로 돌려 앉는다. 누군가는 해를 따라 이동하고, 누군가는 그늘 아래서 책을 읽는다. 이 공원의 특징은 대칭적 구성과 식물, 조각, 건축 요소 들이 하나의 정서적 풍경이 되어 이루는 조화다. 중앙 연못, 직선 산책로, 조각상과 분수, 그리고 파란 슬레이트 지붕의 뤽상부르궁전까지—모든 요소가 질서 속에 놓여 있으면서도 긴장감을 유발하지 않으며, 오히려 사람을 느슨하게 만들고, 자연스럽게 앉도록 유도한다. 도시 속 작은 휴식을 위해 파리지앵들은 매일 이곳을 찾는다.

튈르리정원은 파리 한가운데 있는 대표적인 형식미의 정원이다. 루브르에서 콩코르드광장까지 곧게 이어지는 직선 축 위에 자리해, 도시의 흐름을 시각적으로 단단히 붙잡는 이 정원의 대칭 구조, 조각상, 연못, 산책로는 고전주의 조경의 전형처럼 정갈한 리듬을 이루며 배치되어 있다.

이곳은 누구에게나 열려 있지만, 막상 들어서면 어딘지 모르게 거리를 두게 되는 공간이다. 사람들은 여유롭게 걸음을 옮기지만, 시선은 정해진 방향으로 유도되고 감정은 자연스럽게 정돈된다. 튈르리는 자유로운 쉼터라기보다, 도시의 질서를 받아들이며 감정을 가라앉히는 곳이다. 건축적으로 구성된 이 공간은, 도시 한복판에서 무게를 내려놓고 잠시 호흡을 정리할 수 있게 해주는 하나의 장치다.

파리의 공원이 도시의 흐름 속에 정교하게 끼워 넣은 '멈춤의 감각'이자 '시간의 재조정'을 위한 장치라면, 뉴욕의 센트럴파크나 런던의 하이드파크 Hyde Park 는 교외로 나오기라도 한 듯한 자연의 거대한 존재감을 선사한다. 센트럴파크는 도시의 직선성과 고층 빌딩 사이에 조성된 커다란 인공 숲이며, 하이드파크는 왕실의 정원을 시민에게 개방한 넓은 대지다. 두 공원 모두 스케일이 크고 경계가 느슨하다. 그래서 도시의 일부로 느껴지기보다 도시 바깥에 잠시 나와 있는 듯한 인상을 준다.

반면 서울의 공원은 그보다 훨씬 더 도시 안쪽에 자리한다. 서울숲은 도심의 소음과 강변의 바람, 그리고 산업의 흔적이 맞닿는 지점에 위치해 있다. 한때 공장이었던 땅 위에 새로 심긴 나무들은 완벽한 자연을 흉내내기보다 도시와 함께 호흡하는 또하나의 유기체가 되었다. 여기서 '자연'은 도피의 대상이 아니라, 도시의 리듬을 잠시 늦추는 장치로 존재한다. 도시의 흐름 속에서 잠시 쉬어가는 이 느린 구간이, 서울에서 가능한 가장 현실적이고 진솔한 휴식의 방식일지도 모른다.

파리의 공원은 도시 조직 안으로 들어온 감정의 정원이다. 길과 길 사이, 광장과 건물 사이, 한가운데 놓여 있으면서도 소음을 차단하지 않고 품는 뉴욕과 런던의 공원이 '도시를 벗어나는 공간'이라면, 파리의 공원은 도시 한가운데서 자신을 되찾는 공간이다. 그렇기에 파리의 공원은 더 작고, 더 조용하며, 더 개인적인 감정을 길러낸다. 공간의 스케일이 아닌 감정의 밀도로 설계된 장소. 파리 공원은 그런 곳이다.

파리의 공원은 기능이나 조경 기술의 완성도를 넘어, 도시가 감정을 다루는 방식에 대한 하나의 철학적 해석을 제시한다. 걷기보다 멈춤을, 소비보다 관조를 유도하는 이 공간들은 파리라는 도시가 사람과 시간을 얼마나 섬세하게 다루는지를 보여준다. 파리의 공원은 그래서 아름답다. 이곳에서는 나무와 벤치, 바람과 빛, 모든 요소가 입을 모아 말하는 듯하다. '여기서는 잠시 멈춰도 괜찮아.'

침묵을 허용하는 공간이 주는 위로

말 없는 공동체의 공간, 도서관

마음이 무거워질 때면 가끔 남산으로 간다. 명동의 빽빽한 간판 숲을 지나 언덕을 오르기 시작하면, 도시의 중력이 조금씩 느슨해진다. 돌계단을 몇 번 돌고 나면, 차가운 시멘트 바닥 대신 흙길이 나타나고, 미세먼지 대신 상큼한 소나무 향이 코끝을 간질인다. 서울 한복판에 이런 공간이 있다는 사실만으로도 숨이 조금은 트이는 듯하다.

남산에 난 길들은 직선이 없다. 계속 이어지는 곡선과 경사, 구불구불한 동선이 특유의 리듬을 만든다. 그래서일까. 이곳을 오르다보면 마음도 조금씩 둥글어진다.

그렇게 계속 오르막길을 걷다보면 남산도서관이 나타나고 그곳에서 내려다보는 서울은 장관이다. 서울의 빛과 그림자, 과거와 현재가 한눈에 들어오는 풍경. 이곳은 내가 서울의 공간들 중 특히 좋아하는 곳 중 하나다. 서울의 중심에 있으면서도, 혼자서 조금 더 느린 공기를 품고 있는 곳. 가끔 아무도 없는 아침에 남산도서관에 들르면 이 모든 것이 오롯이 내 것인 양 고른 숨을 내쉬게 된다.

남산도서관과 하늘뜰

남산도서관의 건축은 단순한 공공시설을 넘어, 1960년대 한국의 근대화와 세계화를 상징하는 공간적 표현이다. 당시 지어진 이 건물은 장식을 배제한 평평한 입면, 반복되는 창문 배열, 정면성을 최소화한 단순한 구성으로 국제주의International Style 건축의 전형을 보여준다. 이는 전후 한국이 지향하던 합리성과 보편성의 신념을 구체적 공간으로 구현한 사례다.

이러한 설계의 철학적 배경에는 발터 그로피우스Walter Gropius의 국제주의 건축 사상이 있다. 바우하우스를 이끈 그는 건축이 '개인과 민족, 나아가 인류 전체가 공유할 수 있는 공통의 질서'를 담아야 한다고 믿었다. 남산도서관은 바로 이 사고를 바탕으로, 모두를 위한 질서정연한 공간으로 구현된 건축적 결과물이다.

남산도서관은 단정하고 소박하다. 외관에서 드러나는 네 겹의 지붕은 전통적 의미의 지붕이라기보다, 수평 슬래브의 외부 노출과 캔틸레버 매스cantilever mass■의 결합에 가깝다. 기능적으로는 층을 구분하는 구조적 장치이지만, 시각적으로는 한국 전통 건축의 '겹처마'를 연상시킨다. 남산 언덕 위에 자리한 이 건물은, 마치 도시의 기억을 조용히 보관하는 장소처럼 마음을 안정시킨다. 계단을 오르면 가장 먼저 오래된 돌난간이 눈에 들어온다. 서울의 끊임없는 레너베이션 속에서도, 이 난간

■ 발코니, 돌출형 층이나 외벽 등 한쪽 끝만 지지되고 다른 쪽은 공중에 떠 있는 구조물.

만은 변함없이 그 자리를 지켰다. 난간에 손을 얹고 숨을 돌리면, 저멀리 서울타워가 시야에 들어오고, 아래로는 명동의 빌딩들이 빼곡히 펼쳐진다. 도서관 입구 옆 작은 공터에는 평일 오전이면 노인들이 나무 벤치에 앉아 신문을 읽는 풍경이 자리한다.

현재의 남산도서관은 외관에서부터 과시를 거부하는 태도가 분명하다. 건물은 장식적 제스처 없이 단순한 매스의 중첩으로 구성되며, 전체적으로 낮고 안정적인 비례를 유지한다. 입면은 하나의 강한 형상을 드러내기보다 반복되는 창의 배열과 수평적인 층위가 만들어내는 리듬을 통해 읽힌다. 이 반복은 시각적 긴장을 최소화하면서도 건물 전체에 일정한 질서를 부여한다. 매스는 불필요하게 분절되지 않고 하나의 덩어리로 인식되지만, 창과 슬래브가 만드는 수평선 덕분에 스케일이 과장되지 않는다. 외관에서 강조되는 것은 재료의 표현이나 상징성이 아니라, 비례와 반복, 그리고 구조적 논리다. 이러한 절제된 외형은 남산의 경사 지형 위에서도 건물이 주변 풍경을 압도하지 않고, 공공시설로서 조용히 자리를 지키는 방식으로 존재하도록 만든다.

내부는 훨씬 더 소박하다. 안으로 들어서면, 나무 책상과 의자 들이 규칙적으로 배치된 열람실이 나온다. 요즘 도서관처럼 커다란 창과 메탈 프레임, 디자인 가구로 채워진 세련됨은 없지만, 이곳의 낡음은 묘하게 편안하다. 열람실의 구조는 매우 합리적이다. 큰 기둥 없이 넓게 트인 박스형 구조 안에 나무 책상들이 규칙적으로 배치되어 있다. 천장고가 높지 않아 처음 들어설 때는 약간 낮게 느껴지지만, 이는 집중을 위한 적정 스케일로 작용한다. 위쪽에 배치되어 있는 창문은 비교적 작은 편이라, 빛이 직접 들어오기보다 벽을 타고 번진다. 이 은은한 자연광은 책을 읽기에 적합할 뿐 아니라, 공간의 분위기를 차분하게 가라앉힌다.

실내 건축가로서 이 도서관에서 내게 가장 인상적인 점은,

남산이라는 지형과의 관계다. 단순히 언덕 위에 앉혀둔 건물이 아니라, 지형을 오르는 긴 동선의 끝에 배치된 하나의 목표점이자 랜드마크로 작동한다는 점. 다시 말해 남산도서관은 건물 그 자체로만 존재하는 것이 아니라, 남산이라는 자연 지형과 연결된 긴 공간 시퀀스의 일부로서 존재한다. 이 때문에 도서관을 방문하는 경험은 도시와 자연, 과거와 현재를 관통하는 하나의 여정으로 완성된다.

남산도서관 2층, 디지털 라운지의 끝에는 벽면 하나가 큰 통유리로 되어 있다. 개폐형 구조로 설계된 이 문을 지나면 작은 마당이 이어지는데, 그곳이 바로 '남산 하늘뜰'이다. 처음 이 공간으로 나섰을 때, 건물 안에서 바라보는 남산의 풍경은 충격 그 자체였다. 라운지의 넓은 창이 산과 나무, 그리고 하늘을 한 폭의 그림처럼 프레임에 담는데, 책을 읽다 고개를 들면 그 풍경이 눈에 가득 들어오면서 계절이 흐르는 속도에 따라 바뀌는 숲의 색감과 실루엣이 자연스럽게 감각된다.

하늘뜰은 규모가 크진 않지만, 잘 정돈되어 있다. 자갈이 깔린 바닥, 간결한 벤치, 낮게 둘러진 화단. 눈에 띄는 건 없지만, 어느 것도 과하지 않다. 햇볕이 드는 시간에는 벤치에 누워 쉬기에 좋고, 구름이 많은 날에는 그저 그 자리에 서 있기만 해도 충분하다. 이 공간은 무엇보다 안과 밖이 자연스럽게 연결된다는 점에서 남산도서관의 흐름을 바꾼다. 도서관이 늘 책상 쪽으로 몸을 굽히게 하는 구조라면, 하늘뜰은 반대로 고개를 들게 하고, 시선을 밖으로 향하게 만든다. 그 방향의 변화만으로도 생각이 환기되고, 감정의 결도 조금은 달라지는 걸 느낄 수 있다. 도서관은 책만 읽는 곳이 아니다. 그곳에서 우리는 때로 집중을 풀고 잠깐 멈추어 바깥을 바라보고 생각에 잠기기도 한다. 남산 하늘뜰은 조용히 그 틈을 만들어주는 공간이다.

남산도서관을 떠올리면, 나는 자연스럽게 파리의 프랑스 국립도서관Bibliothèque nationale de France, François-Mitterrand과 이곳을 비교하게 된다. 센강을 따라 마주선 네 개의 거대한 유리 타워는, 마치 책장을 형상화한 초대형 오브제처럼 도시를 내려다보고 있다. 하지만 안으로 들어서면 묘하게 인간적인 공간감이 느껴진다. 건물 외벽을 따라 이어지는 긴 경사로, 내부 중앙에 숨겨진 거대한 정원, 그리고 이용객을 감싸는 듯한 열람실의 나무 책상 배치. 초현대적 구조 속에서도 파리는 인간의 몸과 시선을 위한 세심한 배려를 잊지 않았다. 이곳에서 책을 읽는다는 것은 '나도 이 도시의 지적 풍경을 이루는 한 사람'이라는 소속감을 느끼는 일이었다.

남산도서관과 비교하면, 파리의 도서관은 웅장하고 차갑다. 중앙 아트리움에 스며드는 자연광, 공간 곳곳에 배치된 현대미술 작품들, 거대한 구조와 기술력. 프랑스의 도서관은 국가적 자산을 담는 아카이브이자 문화 공간이며, 인간의 호기심과 나태함, 심지어 과시욕까지 허용하는 관대한 장소다. 그에 비해 서울의 남산도서관은 너무나 소박하다. 타워도, 아트리움도 없고, 거대한 예산과 정치적 비전으로 지어진 건축도 아니다. 하지만 이곳에는 서울만의 공공성이 있다. 부모의 손을 잡고 그림책을 읽는 어린아이들, 점심시간을 쪼개 신문을 읽는 노인들, 창밖으로 펼쳐진 소나무 숲을 바라보며 숨을 고르는 사람들. 건축적 화려함이나 국가적 위상을 드러내지 않아도, 남산도서관은 서울의 일상을 가장 솔직하게 품어낸다.

공간 디자이너로서 나는 이 차이가 도시의 태도를 보여준다고 생각한다. 파리가 지성을 건축한다면, 서울은 생활을 건축한다. 남산도서관은 그 생활의 중심에서, 누구도 과시하지 않지만, 누구도 배제하지 않는 방식으로 자리를 지키고 있다. 그 겸손하고 담백한 건축의 태도가 서울이라는 도시가 가진 진짜 힘일지도 모른다.

나는 서울의 많은 공공 건축이 기능성과 상징성에만 몰두하는 모습을 자주 본다. 행정 효율과 시공 단가, 도시계획의 논리에 매몰된 건물들. 그러나 남산도서관은 기능, 상징, 그리고 장소성을 두루 갖추고 있다. 책을 읽는 기능, 서울의 중심 언덕 위라는 상징, 그리고 남산이라는 자연 지형과 결합된 장소성. 이 세 가지가 동시에 존재하기 때문에, 남산도서관은 단순한 공공도서관이 아니라 서울의 태도를 담은 하나의 건축적 선언이 된다.

남산도서관을 생각하면 서울의 공공 건축물들이 다시 가장 기본적인 질문으로 돌아오기를 바라게 된다. 이 건물은 어디에 놓여야 하고, 어떻게 자리해야 하며, 누구에게 어떤 경험을 주어야 하는가. 공공 건축은 기능과 효율을 넘어, 한 도시의 공기와 흐름을 어떻게 바꿀 수 있는가. 남산도서관은 그 해답을 오래전부터 조용히 보여주고 있다.

정독도서관과 국립중앙도서관

남산도서관만큼은 아니지만 운치로는 쌍벽을 이루는 도서관이 서울에 또 있다. 정독도서관은 종로구 북촌 한복판, 오래된 골목의 끝자락에 자리잡고 있다. 한옥과 현대건축이 공존하는 이 동네에서, 정독도서관은 독특하게도 옛 학교의 구조를 그대로 간직한 채 도서관으로 전환된 곳이다.

이곳은 원래 경기고등학교가 자리했던 공간이다. 일제강점기인 1920년대에 지어진 강당과 교사동이 남아 있으며, 운동장과 교정, 계단의 배치는 여전히 그 시절의 감각을 담고 있다. 그래서인지 도서관에 들어서면 가장 먼저 떠오르는 건 책보다 학

233

교의 기억이다. 나무 창틀이 비거걱거리는 소리, 긴 복도를 따라 울리는 발소리, 그리고 계단 위에 소복이 내려앉은 먼지 냄새 같은 것들.

이 공간은 도심에 있으면서도 특유의 예스러운 고요함을 선사한다. 귀국 직후, 서울이 아직 어색하게 느껴지던 때 나는 이 공간을 자주 찾았다. 북촌 골목을 걷다가 자연스럽게 발걸음이 정독도서관으로 향했고, 열람실에 앉아 몇 시간이고 책을 읽었다. 그 시절의 나는 그렇게 조용히 서울에 적응하고 있었다. 지금은 모든 것이 지나갔지만, 이 도서관에 들어서면 그때의 빛과 공기, 그리고 내 표정이 다시 떠오른다.

공간은 이렇게 조용히 기억의 조각들을 되살려내는 장소가 되기도 한다. 정독도서관에서는 언덕 위에 자리한 건물의 구조, 도서관 앞의 소박한 잔디밭, 계단 옆의 나지막한 벤치, 붉은 벽돌의 온도까지 모든 요소가 '조용한 대화의 배경'이 된다. 그래서인지 누군가와 함께 앉아도, 아무 말 없이 서로 연결될 수 있는 드문 장소이기도 하다. 정독도서관은 그 정스러움과 친근함으로 추억의 리듬을 되찾아준다.

반면 국립중앙도서관은 전혀 다른 경험을 선사하는 공간이다. 내가 20년간 자란 동네 서초의 너른 부지에 자리한 이 도서관은, 한 사람의 공부방이 아니라 국가의 지식 창고 같다. 유리 파사드와 웅장한 계단, 그리고 끝없이 이어지는 서고와 아카이브. 이곳에 앉아 있으면 마치 서울 전체를 내려다보는 관찰자가 된 기분이 든다. 누구도 나를 방해하지 않고, 나 또한 누구에게도 흔들리지 않는 절대적인 고독. 남산도서관이 '나'를 위한 공간이라면, 정독도서관은 '우리'를 위한 공간, 국립중앙도서관은 '공동체'를 위한 공간 같다.

서울에서 숨이 막힐 때마다 나는 도서관을 찾았다. 창문을 열어도 먼지만 들어오는 빌딩 숲속, 사람과 간판과 소음에 눌린 몸은 종종 조용한 구멍을 찾았다. 도서관은 서울이라는 과밀 도시의 유일한 숨구멍 같은 곳이다. 도서관은 누구에게나 열려 있기에 언제나 도시의 가장 솔직한 표정을 담아낸다. 공부, 휴식, 허세, 생존, 사유⋯⋯. 나는 그곳에서 잠시나마 숨을 고르고, 다시 서울이라는 빠른 강물 속으로 뛰어들 준비를 한다.

도서관은 책을 읽는 공간이지만, 그보다 더 근본적으로는 감정을 회복하고, 삶의 속도를 조율하는 공공의 무대다. 우리는 이곳에서 책을 읽고 세상을 배우고 자기를 알아가기도 하지만, 어쩌면 그보다 더 소중한 걸 얻어가기도 한다. 그것은 바로 '그냥 앉아 있는 시간'이다.

도서관은 언제나 누구에게나 열려 있다. 그곳에서 사람들은 서로 말을 주고받지 않고도 서로의 존재로부터 묘한 위로를 느끼고, 스스로를, 또 서로를 들여다본다. 시끄러운 도시에서 '침묵과 정숙'이라는 집단적 합의가 작동하는 공간. 도서관의 고요함은 누군가에게 안도감을, 또 누군가에게는 자신과 조용히 마주할 수 있는 틈을 만들어준다. 침묵이 서로를 위한 배려, 서로에 대한 공감이 될 수 있다는 사실을 도서관은 몸소 보여준다. 누구도 말을 걸지 않지만, 모두가 서로의 곁에 있는 곳. 침묵이 허락된 그 귀한 공간에서 우리는 말없이 우리 자신을 정돈하고, 타인의 침묵을 있는 그대로 받아들인다. 이것이야말로 도시에서 우리에게 가장 필요한 태도가 아닐까?

THE
ATTITUDE
OF
SPACE

이 책은 파리와 뉴욕, 런던, 그리고 서울이라는 네 도시를 거치며 공간이 사람을 대하는 태도에 관해 내가 배운 것을 담은 책이다. 여기에 '공간의 태도'라는 제목을 붙이고 보니, 어쩐지 이 태도는 우리가 삶을 대하는 태도와 크게 다르지 않다는 생각을 하게 된다.

뉴욕에서 나는 '날것의 에너지'를 배웠다. 모든 것이 빠르게 움직이는 이곳에서는 공간도 사람의 속도에 반응한다. 그렇게 정돈되지 않은 벽, 드러난 구조, 불균형한 가구들마저 하나의 리듬이 된다. 뉴욕의 디자인은 완벽함을 추구하지 않는다. 그보다 진정한 자기표현을, 고유한 에너지의 방향을 중요시한다. 그래서 즉흥적이되 생생하고, 거칠되 솔직하다. 뉴욕은 내게 디자인이란 가공된 형태가 아니라 있는 그대로의 솔직한 태도와 직선적인 언어에서 시작된다는 사실을 일깨워주었다.

파리는 그와 정반대다. 이곳에서는 시간이 천천히 흐른

다. 모든 공간에는 '의도된 여백'이 존재한다. 빛이 닿아 떨어지는 선, 체온을 닮은 조명들, 침묵이 깃든 자리에서 피어나는 낭만. 어딜 가든 절제된 감정 속에서 계산된 우아함이 느껴진다. 그것은 모든 것을 부러 드러내려는 과시와는 차원이 다른, 시간의 축적이 만들어낸 존재감 그 자체다. 보여주는 대신 느끼게 하는 것—그 미묘한 차이에서 나오는 오라가 파리의 미학이다.

런던은 절제와 균형의 도시였다. 전통과 현대, 과거와 현재가 자연스럽게 맞물려 있는 이곳은 버티는 힘에서 느껴지는 특유의 에너지가 있다. 어느 한쪽 과한 곳 없이, 모든 것이 조용히 자기 자리를 지키는 '질서'. 누구나 그 질서를 존중하나 때로는 누군가 그것을 비틀기도 하며 그렇게 품격과 유머가 공존한다. 여기서 나는 디자인의 깊이가 이유 있는 고집과 저항에서 나온다는 사실을 체감했다. 낡은 목재도 빛바랜 회색도 공간의 격이 되는 도시. 런던은 공존이 얼마나 강한 언어가 될 수 있는지를 보여주었다.

그리고 서울. 나는 이 도시에서 다시 인간적인 디자인을 배운다. 살아 있기에 불완전하고, 분투하기에 피로한 공간들. 서울의 디자인은 늘 '지금, 여기'에 방점을 찍는다. 증명하려는 열정, 변화를 감지하는 기민한 감각, 그 빠른 속도감 속에서 번지는 감정의 밀도. 드러내기보다 감내하기가 미덕인 이곳에서 사람들은 비슷한 듯 다른 각자의 공간을 가꾸며 '자기만의 방'에서 자신을 되찾는다. 서울은 내게 디자인이 사람의 온도를 회복시킬 수 있음을 가르쳐주었다.

네 도시를 거치며 나는 알게 되었다. 디자인은 특정한 문화, 특정한 시대의 코드가 아니라 우리가 삶을 대하는 태도의 집합체라는 것을. 날것 그대로의 자기표현, 존재 자체에서 오는 우아함, 버티며 공존하는 힘, 살아 있음에 건네는 위로…… 그 모든

'태도'의 조각이 내 안에서 섞이고 쌓이며 지금의 나를 만들었다.

나는 여전히 도시의 틈새를 걷는다. 도시가 바뀔 때마다 내가 변하고, 새로운 공간을 만날 때마다 디자인의 의미도 다시 쓰인다. 완성은 없다. 모든 경험은 다음 시도의 재료가 될 뿐이다. 그러니 이 여정에는 끝이 있을 수 없다. 모든 시도는 늘 진행중이다. 공간을 만든다는 건, 결국 세상을 바라보는 방식을 끊임없이 고쳐 쓰는 일이다. 그 속에서, 우리는 도전받고, 위로받고, 또 조금씩 달라진다.

어쩌면 나는 여전히 공간을 설계하는 것이 아니라, 나 자신을 다시 짓고 있는지도 모른다. 그렇다면 당신은 지금, 어떤 공간 속에서 어떤 자신을 짓고 있는가.

공간의 태도
공간 디자이너 황유정의 감각과 사유

초판 인쇄   2026년 4월 7일
초판 발행   2026년 4월 20일

지은이   황유정
펴낸이   김소영
책임편집   임윤정
편집   박은아 이희연
디자인   백주영
마케팅   정민호 한민아 이민경 한경화 박진희 황승현 김경언 양지연
브랜딩   함유지 이송이 박민재 김하연 신은서 이준희
미디어콘텐츠 함근아 김은솔 박다솔
제작부   강신은 김동욱 이순호
제작처   천광인쇄사(인쇄) 경일제책(제본)

펴낸곳   (주)아트북스
출판등록   2001년 5월 18일 제406-2003-057호
주소   10881 경기도 파주시 회동길 210
대표전화   031-955-8888
문의전화   031-955-7977(편집부) 031-955-2690(마케팅)
팩스   031-955-8855
전자우편   artbooks21@naver.com
트위터   @artbooks21
인스타그램   @artbooks.pub

ISBN   978-89-6196-468-5 03300